COLL
FOLIO C

Fabliaux

Présentation,
choix et traduction
de Gilbert Rouger

Gallimard

PRÉFACE

Fabelet, fablel (*parfois* fabel), fableau, fabliau, *autant de diminutifs du mot* fable, *pris au sens large de conte. Ils s'apparentent aux verbes* fabler *et* fabloïer — *dire une histoire — et au nom* fableor *qui désignait le conteur.* Fabelet *avait bonne mine : dommage qu'il n'ait pas eu meilleure fortune. On a préféré* fablel, *devenu* fableau *dans le dialecte de l'Ile-de-France; mais la forme picarde* fabliau *a prévalu. Bédier note en passant que* fabliau *était dissyllabe, comme en témoignent les vers où le terme se rencontre :*

Et Jouglet leur a dit chanson
Et fabliaux ne sais trois ou quatre.

Il convient d'ajouter qu'on prononçait « fabiau »; *ainsi, au temps de La Fontaine, et jadis encore chez les paysans bourguignons, disait-on aller à la chasse au «* sanguier ». *Le mot n'a pas eu longue vie : né vers la fin du* XIIe *siècle, il est tombé en désuétude, avec le genre qu'il désignait, dès le premier quart du* XIVe *siècle; il n'aura droit de cité dans le dictionnaire de l'Académie qu'en 1762. Certains — Gaston Paris, Charles-Victor Langlois, naguère Emile Mireaux — ont accordé leur préférence à la forme* fableau, *plus agréable à l'oreille, il est vrai, que* fabliau *devenu vilainement trisyllabe dans l'usage moderne*[1].

Tel est le mot. Mais la chose? Au temps des trouvères, fabliau *ne désignait pas un genre littéraire bien déterminé et pouvait s'appliquer à des ouvrages versifiés d'inspiration et d'étendue assez différentes : contes moraux ou plaisants, apologues ésopiques, lais sentimentaux, petits romans d'aventures, sans oublier les monologues énumératifs qu'on appelait aussi des* dits — *dit* des Moustiers de Paris, *dit* de l'Oustillement du vilain, *dit* des Cons —, *ni les débats dialogués dans le goût de* La Desputaison du vin et de l'iau *ou de* La Bataille de Karesme et de Charnage. *Bédier constate que cette acception du mot a été accréditée par les premiers éditeurs des vieux poètes, que, pour les romantiques, le terme désignait « toute légende du Moyen Âge gracieuse ou terrible, fantastique, plaisante ou sentimentale ». En 1873, Littré s'en tient encore à une définition peu compromettante : « conte en vers à la mode dans les premiers âges de la poésie française ». C'est alors qu'on s'est avisé de donner au mot une acception nouvelle, mais aussi restrictive qu'avait été vague, pendant longtemps, l'idée qu'on s'était faite du genre. Les trouvères n'étaient-ils pas « dans l'erreur » — que d'erreurs semblables dans l'histoire de la langue ! — en attribuant à* fabliau *le sens qu'ils lui attachaient ? La définition que formule Montaiglon, un peu filandreuse, tient toute une page dans la préface à son « recueil général » : un fabliau, dit-il en substance, c'est « un récit, plutôt comique, d'une aventure réelle ou pos-*

---

1. « Les fableaux ou fabliaux » (René Jasinski, *Histoire de la littérature française,* nouv. éd., Nizet, 1965).

sible, même avec des exagérations, qui se passe dans les
données de la vie humaine moyenne. Tout ce qui est
invraisemblable, tout ce qui est historique, tout ce qui
est pieux, tout ce qui est d'enseignement, tout ce qui est
de fantaisie romanesque, tout ce qui est logique ou poé-
tique n'est à aucun titre un fabliau». Joseph Bédier
sera plus concis : ni contes dévots, ni contes moraux,
mais «contes à rire en vers», les fabliaux «se passent
toujours dans les limites du vraisemblable et excluent
tout surnaturel».

On s'est fondé sur la conformité des textes avec ces
schémas préétablis pour déterminer, à une unité près,
le nombre des fabliaux. Montaiglon en groupe cent cin-
quante-sept dans son recueil; Bédier en recense cent
quarante-sept; Per Nykrog retranche huit de ceux que
Bédier avait admis, en ajoute d'autres et finit par en
inscrire cent soixante à son catalogue. Cent soixante?
Que non pas! Cent soixante et un, précise un dernier
venu. Coucher tel conte en vers sur la liste des fabliaux
devient affaire aussi grave que d'inscrire au canon des
Écritures l'Épître aux Éphésiens; on parle de «fabliaux
certifiés» — entendons d'appellation contrôlée! Dénom-
brements minutieux, admissions ou exclusions catégo-
riques qui ne vont pas sans arbitraire, tant il semble
vain de tenir pour règle intangible la rigueur des défi-
nitions proposées, tant est mal délimitée la frontière
entre les fabliaux et les genres littéraires voisins. Court
roman ou long fabliau? Conte moral ou récit s'ache-
minant vers une moralité? Conte sérieux ou conte à
sourire? On finit par jouer sur les mots et par s'égarer
dans des subtilités scolastiques. Tenons-nous-en, pour
respecter la tradition, à la définition héritée de Bédier
et cent fois ressassée dans les manuels scolaires. Il n'en
est pas moins vrai que la critique d'aujourd'hui paraît
s'orienter vers une conception moins stricte du genre :

certains fabliaux «relèvent d'une veine sérieuse, édi-
fiante ou attendrissante»; si «la plupart ont des allures
de vaudevilles», il en est qui sont de véritables «contes
pieux»; «il est difficile de déterminer avec une préci-
sion suffisante la liste des fabliaux». «Petit récit plai-
sant ou édifiant», tranche le Robert. Irons-nous jus-
qu'à admettre, avec les auteurs d'une récente histoire
des lettres françaises, que le fabliau est un «genre incer-
tain»[1] *?*

*

Bédier date de 1159 le premier fabliau connu, celui
de Richeut; *mais c'est au cours du* XIIIe *siècle et dans*
les vingt ou trente premières années du siècle suivant
que les contes à rire ont été «mis en rime»; préciser
davantage apparaît impossible, faute d'y trouver des
allusions aux événements de l'époque. «La patrie d'ori-
gine et d'élection» des fabliaux n'est pas la Provence,
comme le croyaient le bon Furetière et après lui les
rédacteurs du dictionnaire de Trévoux; dans l'atlas
littéraire de la France, elle comprend les pays qui
vont des rives de la Loire aux marches du Hainaut :
l'Orléanais, la Champagne, l'Ile-de-France, la Nor-
mandie et surtout les provinces du Nord, en particulier
l'Artois et la Picardie. Destinés à la récitation publique,
ils sont en octosyllabes à rimes plates, le mètre de la lit-
térature courtoise et du Roman de Renart, *avant de*

---

1. Paul Zumthor, *Histoire littéraire de la France médiévale*,
P.U.F., 1954; Louis Kukenheim et Henri Roussel, *Guide de
la littérature française du Moyen Âge*, Leyde, 1963; *Encyclopae-
dia universalis*, 1970; André Lagarde et Laurent Michard, *La
Littérature française. Du Moyen Âge à l'Âge baroque*, Bordas,
1970.

devenir celui des mystères et du Testament *de Villon.*
Le fabliau le plus court, qui n'est pas le meilleur de la
collection, Le Prêtre et le mouton, *raconte en dix-*
huit vers assez frustes comment, d'un coup de tête mal
placé, un mouton abélardisa un prêtre galant ; beau-
coup comptent plusieurs centaines de vers ; quelques-uns
vont au-delà d'un millier. Les auteurs des contes à
rire ? Des poètes amateurs parfois, qui ne rougissaient
pas de faire un passe-temps de ces bagatelles, des jon-
gleurs de profession surtout, et souvent des goliards,
clercs nomades en rupture de ban avec l'Université et
l'Eglise, qui allaient chantant en couplets latins le vin,
l'amour et la vie libre de toute contrainte. Quelques
fabliaux sont l'œuvre de poètes connus, comme Rute-
beuf et Jean Bodel d'Arras. Beaucoup, en revanche,
sont anonymes ; et combien d'autres signés d'un obscur
trouvère qui n'est pour nous qu'un nom ! Que savons-
nous de Durand, d'Hugues Piaucele, de Bernier, de
Jehan le Galois d'Aubepierre ou de ce Cortebarbe qui
rima l'histoire des Trois Aveugles de Compiègne ?
Au XIVe *siècle apparaissent les ménestrels vivant à*
demeure chez un haut personnage et confortablement
appointés pour les divertir : tels Jean de Condé, atta-
ché au comte de Hainaut, ou Watriquet Brassenel de
Couvin, ménestrel du connétable de France, Gaucher
de Châtillon ; ils font déjà figure d'hommes de lettres ;
l'âge des jongleurs est définitivement révolu.

À quel public s'adressaient les fabliaux ? En premier
lieu — c'est la thèse de Bédier — à la classe bourgeoise
avec laquelle ils étaient nés ? Aux «cercles les plus dis-
tingués de la société», comme le veut Per Nykrog qui,
non sans quelque abus du terme, voit un genre courtois
dans les «risées» et les «truffes» ? À vrai dire — Bédier
lui-même le reconnaît — les «conteurs de fables»
avaient des auditeurs de conditions bien différentes :

grands seigneurs s'esclaffant avec leurs dames à entendre La Crotte *ou* Le Pet au vilain, *avant de payer le jongleur des reliefs de leur table; bons bourgeois assemblés à l'occasion d'un repas de corps; badauds flânant dans les foires et même vilains aisés offrant une nuit d'hospitalité en échange d'une joyeuse histoire. Dire un fabliau était une politesse qu'un récitant amateur se devait de faire à son amphitryon :*

Usages est en Normandie
Que qui herbergiez est, qu'il die
Fablel, ou chançon die à l'oste.

Reste le problème des origines du genre. Il n'est plus personne aujourd'hui pour admettre, avec les indianistes du siècle dernier, que nos contes à rire sont de vieux apologues bouddhiques, venus des bords du Gange en compagnie de Peau d'Âne et de Cendrillon. Edmond Faral leur prête une autre provenance. Il a été frappé par les similitudes qu'il a relevées entre le fabliau français et ce qu'il nomme le «fabliau latin» : sortes de comédies — moitié récit, moitié dialogue, et simple jeu d'école — composées, dit-il, au XIIe siècle par des clercs qui avaient une connaissance indirecte du théâtre comique de l'Antiquité. Ici et là, mêmes situations et mêmes personnages : femmes perfides, maris bernés, appareilleuses, servantes prêtes à toutes les intrigues. Et de conclure, sans doute un peu hâtivement, «que le fabliau latin du XIIIe siècle est issu du conte latin du XIIe siècle et par conséquent, en dernière analyse, remonte par cet intermédiaire à l'antique comédie latine». Plaute lointain ancêtre de Cortebarbe, pourquoi pas? Mais comment prouver qu'entre le fabliau français et le «fabliau latin» il y a filiation authentique, et non pas simple cousinage? Plus convaincante apparaît l'hypothèse prudemment avancée par Per Nykrog. Il constate que deux fabliaux sur trois, même parmi les plus grossiers, se terminent par une leçon, souvent confuse et mal assortie au récit : à croire que les auteurs s'acquittent tant bien que mal d'une obligation imposée par une tradition du genre. Ces intentions moralisantes apparenteraient nos contes peut-être aux exempla, aux historiettes destinées à illustrer l'enseignement des sermons, mais aussi et surtout à la fable elle-même, aux apologues pseudo-ésopiques comme ceux de la poétesse Marie de France, où Per Nykrog croit reconnaître des «fabliaux avant la lettre». Les contes à rire seraient une forme évoluée de la fable, la moralité n'intervenant plus que comme une survivance et le court récit, l'«exemple» de l'apologue, devenant une plus ou moins longue histoire, ayant en soi sa raison d'être et son intérêt. Quant aux thèmes exploités dans les fabliaux, il semble impossible d'en déterminer l'exacte provenance : tel jongleur dit avoir puisé son sujet dans une «écriture»; un autre le tient «de son maître»; un autre met en vers une «bourde» qu'il a entendu conter.

★

Les contes à rire qui nous sont parvenus ne méritaient pas tous de passer à la postérité. Il en est, constate Jean Rychner, de «misérablement écrits»; il en est beaucoup d'autres dont la scatologie et les pires obscénités font tous les frais : l'honnête Bédier n'en parle qu'à mi-voix. S'il n'est plus de mise aujourd'hui de se voiler la face pour autant, on conviendra que Jouglet, Le Pêcheur de Pont-sur-Seine ou Les Trois Meschines, pour ne citer que ceux-là, sont proprement illisibles : le seul intérêt de ces pauvretés vient du témoi-

gnage qu'elles apportent sur les goûts et la mentalité du public de l'époque. Certaines histoires, plus décentes, se fondent sur un jeu de mots, un quiproquo : courtes facéties dans le goût de ce que Mistral appelle de la «prose d'almanach». On y a vu pâture, non pour esprits simples, mais pour simples d'esprit, et c'est injustice. Estula, *par exemple, ou* Brunain la vache au prêtre, *ou même* Le Vilain ânier *sont des sortes de sketches, non dépourvus d'humour, et qui vont droit au but entraînés dans un rythme rapide.*

Les meilleurs fabliaux prennent la forme de véritables comédies, souvent de farces aux rebondissements imprévus, égayées de beuveries et de coups de bâton, pimentées d'énormes gaillardises. L'action peut se dérouler sur la terre comme au ciel. Ici, Dieu le Père — un Dieu le Père à la Jean Effel — prête l'oreille aux doléances des putains et des jongleurs avant de commettre les unes aux bons soins du clergé, les autres à la sollicitude des chevaliers; ailleurs un saint Pierre d'opérette — moustache et barbe postiches — profite de l'absence des diables pour se faufiler en enfer et gagner aux dés, non sans échange de horions, les âmes confiées par Lucifer à un jongleur. «Attitude frondeuse à l'égard des personnages sacrés?» Certainement pas. Ce n'est que du burlesque, du burlesque innocent dont personne ne songeait à prendre ombrage. Un bon tour joué à un nigaud, une revanche adroitement prise, tel est le sujet de beaucoup de fabliaux : le jongleur Boivin mystifie de belle façon une maquerelle qui se croit fine mouche; aussi ingénieux que l'«écolier» fripon des Trois Aveugles de Compiègne, *un «pauvre clerc» se venge spirituellement d'une petite bourgeoise inhospitalière, comme un simple vilain fait payer cher à un sénéchal sa brutalité et son insolence; un cordelier paillard a la punition qu'il mérite et des jacobins captateurs de tes-*

taments en sont pour leur courte honte. D'autres contes empruntent à la parodie leurs effets comiques : on reconnaît le simulacre d'un duel judiciaire dans le combat en champ clos où un ravaudeur de cottes et sa mégère se disputent la possession des braies. L'humour noir est en faveur : quoi de plus réjouissant qu'un mort plusieurs fois mis à mal, des cadavres dont on ne sait que faire, un pauvre diable qu'on prend pour un revenant et qu'on assomme ? Le sujet a été traité plusieurs fois, avec des variantes, par des auteurs différents, ce qui témoigne du succès de ces bouffonneries macabres. Il faut faire une place de choix aux fabliaux qui mettent en scène l'éternel trio : le mari, la femme et l'amant. Tantôt la dame et le galant s'en donnent à cœur joie, le mari faisant souvent figure de cocu battu et content ; tantôt celui-ci survient à l'improviste pour surprendre les coupables, et malheur à l'intrus qui n'a pas l'adresse de s'évader à temps de la chambre conjugale ; tantôt la femme et le mari sont d'accord pour se débarrasser d'un séducteur importun : le malheureux, dépouillé de sa bourse et de ses vêtements, doit s'enfuir sous les huées, «nu comme un daim», parfois harcelé par des mâtins lancés à ses trousses.

Ne cherchons pas dans les fabliaux d'études de caractères bien approfondies. Chevaliers ridicules comme celui «qui confessa sa femme», bourgeois cossus et cocus, marchands entendus à leurs affaires, mais risquant après une longue absence de trouver un petit bâtard au logis, intendants de grande maison brutaux et malhonnêtes, autant de caricatures joliment esquissées. Dans cet album de croquis, les personnages de haut rang ne se rencontrent que de loin en loin ; mais les vilains y trouvent souvent leur place : toujours dépeints sous un aspect physique peu flatteur — c'était à l'époque une tradition littéraire : qu'on songe au bou-

vier d'Aucassin et Nicolette —, *ils peuvent être d'une
épaisse sottise, comme le «vilain de Bailleul»; certains
pourtant ont la langue bien affilée et savent à l'occasion se tirer d'affaire. Voici, au bas de l'échelle sociale,
un monde interlope de souteneurs, de filles, de maque-
relles, sans parler des «Macettes du XIIIᵉ siècle», dame
Auberée par exemple, ou Hersent la marguillière, pro-
vidence des prêtres, des reclus et des chanoines. Les
sympathies des conteurs, sans doute parce qu'ils voient
en eux des frères, vont aux «écoliers» des universités.
Joyeux drilles malicieux, toujours pleins de ressources,
les clercs font figure de jeunes premiers : ils savent plaire
aux femmes sans jamais connaître de déboires dans
leurs entreprises galantes. Par contre — jalousie peut-
être de goliards contre des prêtres bien pourvus —, les
conteurs vouent une véritable haine aux membres du
clergé séculier. Que leur reprochent-ils ? De bâcler leurs
offices, d'être dépourvus de scrupules, âpres au gain,
avares et paillards. Non contents d'entretenir chez eux
une «prêtresse» — c'était alors monnaie courante et les
évêques fermaient les yeux —, les «chapelains» ont
recours aux pires moyens pour séduire bourgeoises et
paysannes; ils vont jusqu'à solliciter la complaisance
d'une mère pour cueillir, argent sur table, les prémices
d'un tendron. Il entre une sorte de sadisme dans la
cruauté des châtiments qui leur sont réservés : celui-ci
est plongé dans une cuve de teinture, celui-là mutilé
sans pitié, d'autres écrasés sous la voûte d'un four où
ils avaient cherché refuge. Les femmes ne sont pas
mieux partagées. Sans doute en est-il, comme la dame
du* Souhait contrarié, *qui viennent tendrement «acco-
ler» leur mari à son retour à la maison; sans doute
aussi — c'est la conclusion d'*Auberée — *beaucoup
n'auraient pas fait vilenie de leur corps si une autre ne
les y avait poussées. La plupart cependant passent pour*

incarner tous les vices, entêtement, perversité, malice et mensonge. Puisque «les femmes sont faites pour tromper», qu'on ne leur ménage pas les coups, qu'on les empoigne par les tresses pour les traîner à terre, qu'on leur frotte sans ménagement «os et échine» : chacun y verra justice.

Le petit monde des fabliaux n'est évidemment pas une image fidèle de la société du temps : il faut compter avec les fantaisies de la fiction, les conventions du genre, l'outrance burlesque, les intentions satiriques des auteurs. Ce qui importe, c'est d'amuser, comme dans Les Fourberies de Scapin.

★

En revanche, les fabliaux abondent en menus documents sur «la vie quotidienne au temps de saint Louis», pour reprendre le titre du livre de Faral. On mange et on boit dans les contes à rire. Les «avaleurs de pois» — ainsi nomme-t-on par mépris les vilains — se contentent souvent d'un menu frugal : une écuellée de «matons», morceaux de pâte cuits dans du lait, des œufs frits, du fromage. Quelle aubaine s'il leur arrive d'attraper une ou deux perdrix dans la haie de leur courtil! Cela vaut d'inviter le chapelain du village à partager le régal. Les riches font meilleure chère. Dans le conte Le Prêtre et le chevalier, on assiste aux préparatifs d'un repas : les cuisiniers font peler les amandes et les aulx — il n'est pas de viande sans sauce à l'ail —, broyer le poivre et le cumin, car on ne ménage pas les épices. Cuisent à la broche des chapons, des gélines, des connins et des oisons; des pâtés sortent du four, qu'on servira «à derrains», à la fin, avant le dessert fait de noix, de gingembre et de réglisse. On dresse les tables, on met en place les bancs et les selles,

*on emplit d'eau fraîche des «bassins clairs et luisants»
où les convives se lavent les yeux, la bouche et les
mains; des valets apportent des «candélabres de
cyprès» avec des cierges. Bientôt le repas commence,
arrosé de «vin vermeil et blanc, clair comme larme et
pur et franc», vin qu'on tirait au fausset — il n'est pas
question de bouteilles — dans des pots et des cruches.
Voici «trois dames de Paris» qui, le jour de la fête des
Rois, décident de faire bombance à «la taverne des
Maillets», laissant croire à leurs maris qu'elles sont en
pèlerinage. Une oie grasse, un grand plat «d'aulx
piquants» ayant disparu en un clin d'œil, elles demandent du fromage, des noix, des oublies, des gaufres, des
épices, tout ce qui peut faire valoir le bouquet du vin
blanc de Champagne et du grenache qu'elles lampent
à pleines hanapées avant de tomber ivres mortes. Les
détails précis ne manquent pas sur l'ameublement, le
costume, le prix des choses. Les sièges semblent rares :
un visiteur de condition modeste sait qu'il doit s'asseoir
à terre; mais on offre une place au bord du lit à celui
qu'on veut honorer. Pas d'armoires : des coffres. Il n'est
pas de chambre sans perche suspendue horizontale-
ment, où l'on étend nappes et vêtements, ni sans cuvier,
cuvier qui sert à la lessive, mais qu'on utilise aussi
comme baignoire et qu'on couvre d'un drap «pour faire
étuve» lorsqu'on y a versé l'eau chaude à pleins chau-
drons. Il est d'usage de prendre un bain avant de faire
l'amour; un cuvier renversé peut encore servir de
retraite à un galant, ou tenir lieu de table, si l'on est
pressé, pour avaler «une soupe au vin». Veut-on savoir
ce que dépense un «valet» — un jeune homme — pour
se vêtir de pied en cap? Il paiera sa cotte treize sous,
six sous et demi ses braies et sa chemise, ses «estivaus»,
c'est-à-dire ses bottes, quatre sous et quatre sous aussi
les souliers fins qu'il chausse le dimanche. Son «huvet»*

— son chapeau — ne lui coûtera que trois sous; mais il ne trouvera pas de bonne cape à moins de dix sous et demi[1]. Une maison confortable, à Paris, se loue vingt livres par an; quatre cents livres de dot permettront à la Denise de Rutebeuf de faire un beau mariage. La Bourse pleine de sens *en dit long sur les ressources dont disposaient certains gros marchands. Sire Renier de Decize se rend à la foire de Troyes avec dix chariots chargés de marchandises, ayant chacun son conducteur; lui-même les escorte monté sur son palefroi, écu au côté et lance au poing, comme un chevalier; tout ce qu'il a apporté étant vendu, il achète, pour le retour, de quoi recharger ses charrettes : hanaps d'or et d'argent, pièces d'écarlate teinte en rouge ou bon drap bleu en laine de Bruges et de Saint-Omer : une petite fortune.*

★

«Comme œuvres d'art, que valent les fabliaux?» Telle est la question que se pose Joseph Bédier. Il tombe sous le sens que la plupart des fabliaux n'ont rien de commun avec une «œuvre d'art» si l'on entend par là un ouvrage patiemment élaboré, conforme au canon d'une certaine esthétique. Œuvres d'art, à ce compte, les nudités blaireautés de Bouguereau et non les images populaires de Chartres ou d'Orléans. La naïveté des fabliaux ne va évidemment pas sans défauts : maladresses, vulgarités ou platitudes, laisser-aller de la versification. Ces défauts sautent aux yeux à la lecture; mais au temps des jongleurs on se contentait d'ouvrir les oreilles : le meilleur et le pire passaient allégrement

---

1. Le Valet qui d'aise à malaise se met (MR, II, 44).

la rampe. La parenté apparaît étroite entre les fabliaux et ce qu'il est convenu d'appeler la littérature orale. Tantôt le récit débute à la façon d'un conte de nourrice : «il y avait jadis deux frères; il était une fois un vilain»; plus souvent encore par la formule ingénue : «je vais vous dire, je veux vous raconter l'histoire». Il faut capter l'attention d'un auditoire de grands enfants, en les invitant à écouter sagement, en insinuant qu'il n'est que mauvaises gens pour faire fi des contes à rire, en affirmant qu'il s'agit d'une aventure «merveilleuse» et pourtant vécue, sans jamais omettre de la localiser pour donner l'illusion de la vraisemblance, comme c'était jadis l'usage dans les histoires de commis voyageurs. Pour des âmes simples qui n'entendent guère à demi-mot, les redondances ne sont pas peine perdue : «il était plein de courroux et d'ire; elle était belle à merveille et de grande beauté fut»; des redites aussi, des reprises destinées à rafraîchir la mémoire d'étourdis qui peuvent avoir perdu le fil du récit. De loin en loin revient le même vers : «mais que vous irai-je contant?» : non pas formule de remplissage, mais procédé qui permettait au récitant de souffler un peu et de tenir en même temps l'auditoire en haleine. Dans tout cela, on en conviendra, il s'agit moins de négligences que d'obligations imposées par la récitation publique.

Ces réserves faites, comment ne pas apprécier à leur juste valeur les qualités des fabliaux : la brièveté, le naturel, la bonne humeur et l'ironie malicieuse, l'agile démarche du style au rythme allègre de l'octosyllabe. Le conteur, qui s'efface toujours devant son sujet, ne s'embarrasse pas d'effusions lyriques, mais il jette sur les hommes et les choses un regard aigu. Les petits tableaux, piquants ou gracieux, ne manquent pas, enlevés d'un trait rapide : le vilain aux perdrix court étendre chape et nappe blanche sur l'herbe du pré à l'ombre de la treille ; dame Auberée la sainte nitouche fait une entrée à la Tartuffe chez la bourgeoise qu'elle veut séduire ; la jolie Marion revient de la «fontaine», mouillant sa chemise de lin en serrant sur sa «mamelette» le cresson qu'elle a cueilli ; la belle amie d'Alexandre folâtre dans le verger, en robe flottante, parée de sa seule tresse blonde, fredonnant un refrain d'amour. Beaucoup de fabliaux-comédies — Les Trois Aveugles de Compiègne *ou* Boivin de Provins, Auberée *ou* Le Vilain qui conquit le paradis en plaidant — *sont autant de menus chefs-d'œuvre par l'ingénieux agencement et la variété des épisodes, par «les trouvailles que sait faire la gaieté», les gags dirait aujourd'hui Bédier, et de fait ces contes à rire fourniraient des scénarios de choix pour des films de court métrage.*

C'est dans les parties dialoguées qu'on trouvera le meilleur des fabliaux : la langue est drue, savoureuse, les répliques fusent pleines de vie, d'à-propos et de vérité ; tout va bon train, tout semble mis en œuvre pour permettre au récitant de faire appel aux diverses ressources de l'art théâtral. Qu'on songe au parti que pouvait tirer le jongleur du combat singulier de sire Hain et de dame Anïeuse ou de la partie de trémerel dont saint Pierre et le jongleur se disputent l'enjeu ; il faut l'imaginer débitant son histoire avec des intonations variées, la mimant à grand renfort de gesticulations et de grimaces, au milieu des rires, des huées, des applaudissements d'un public bon enfant suspendu à ses lèvres.

★

À peine le conte à réciter est-il tombé en désuétude qu'apparaît la nouvelle en prose. En Italie Boccace et

*Sacchetti, Chaucer en Angleterre vont puiser aux
mêmes sources que nos jongleurs. La bonne humeur, la
veine réaliste et gaillarde des fabliaux se retrouvent en
France au siècle suivant dans les* Cent Nouvelles
nouvelles, *au temps de la Renaissance chez Margue-
rite de Navarre, Nicolas de Troyes, Bonaventure des
Périers, avant d'égayer les contes de La Fontaine.
Mis au jour en 1756 par Barbazan, les fabliaux
comptent parmi les premières œuvres du Moyen Âge
publiées dans le texte original[1] ; Méon et Jubinal pour-
suivront le travail de Barbazan dans le premier tiers
du XIXe siècle, mais il faudra attendre plus de trente
ans pour que paraisse le corpus de Montaiglon, com-
plété depuis par un certain nombre d'inédits. Dès 1779,
Legrand d'Aussy avait entrepris de vulgariser le
contenu des fabliaux, en se fondant sur les manuscrits :
énorme « digest » qui rassemble surtout des traductions
libres et des résumés, et qui connut un vif succès ; les
contes en vers publiés peu après par de petits poètes
comme Imbert ou Nogaret témoignent de l'intérêt qu'on
attachait aux fabliaux enfin retrouvés. Depuis, à deux
récentes exceptions près, l'habitude est restée d'adapter
— en expurgeant — plutôt que de traduire : tels recueils
de fabliaux sont propres à fournir une honnête provende
aux bibliothèques scolaires et aux cabinets de lecture des
paroisses. Médiévistes patentés mis à part, beaucoup ne
connaissent des contes à rire que les extraits des « morceaux choisis » de leur jeunesse : quelques lambeaux du*
Vilain mire, *des* Trois Aveugles de Compiègne *et
de* La Housse partie.

---

1. « Ils suivent à une quinzaine d'années de distance seulement la première édition d'une œuvre littéraire du XIIIe siècle,
à savoir celle des poésies de Thibaud de Champagne par La
Ravallière (1742) » (Per Nykrog, *Les Fabliaux*, p. XIII).

*On trouvera ici — notre édition n'est pas «ad usum delphini» — quarante-cinq fabliaux dont la diversité peut permettre de se faire une idée du genre, de l'innocente histoire d'*Estula *aux priapiques métamorphoses des* Quatre Souhaits de saint Martin. *Nous nous sommes efforcés de suivre de près le texte original; il a fallu pourtant, çà et là, faire quelques coupures (indiquées pour la plupart en note), sacrifier en particulier des prologues soporifiques propres à rebuter le lecteur. Notre traduction est en prose rythmée, dont la mesure est calquée sur celle de l'octosyllabe; nous espérons rendre ainsi le mouvement et la couleur de textes faits pour être dits à haute voix.*

Gilbert Rouger.

L'ordre dans lequel nous présentons les fabliaux correspond à un essai de groupement par thèmes dont on trouvera le détail dans la table des matières. Le sigle MR figurant à la fin de chaque texte renvoie au recueil d'Anatole de Montaiglon et Gaston Raynaud suivi du numéro du volume et de celui du fabliau. On trouvera à la fin du volume un lexique des mots aujourd'hui hors d'usage.

FABLIAUX

Estula

Il y avait jadis deux frères, n'ayant plus ni père ni mère pour les conseiller au besoin et sans nulle autre parenté. Leur amie était Pauvreté qui toujours restait avec eux ; on souffre en cette compagnie : il n'est pas pire maladie. Les deux frères dont je vous parle partageaient le même logis. Une nuit, mourant à la fois de soif et de faim et de froid, tous maux qui volontiers harcèlent ceux que Pauvreté asservit, ils se mirent à méditer comment ils pourraient se défendre contre Pauvreté qui les presse. Un homme qu'on disait très riche habitait près de leur maison. Ils sont pauvres, le riche est sot. Il a des choux dans son courtil et des brebis dans son étable. C'est chez lui qu'iront les deux frères : Pauvreté fait perdre la tête. L'un accroche un sac à son cou, l'autre à la main prend un couteau. Tous deux se mettent en chemin. L'un, se glissant dans le jardin, entreprend, sans perdre un instant, de couper les choux du courtil. L'autre s'en va vers le bercail, fait si bien qu'il ouvre la porte et tout semble aller pour le mieux ; il tâte le plus gras mouton. On était encore sur pied dans la maison : on entendit le bruit de l'huis quand il l'ouvrit. Le bourgeois appela son fils : « Va-t'en donc, dit-il, au jardin et regarde si tout va bien. Appelle le chien du logis. » Le chien se nommait

Estula, mais par bonheur pour les deux frères, il n'était pas à la maison. Le garçon, qui prêtait l'oreille, ouvre l'huis donnant sur la cour et crie : « Estula ! Estula ! » Du bercail le voleur répond : « Eh oui ! vraiment, je suis ici. » L'obscurité était profonde : le fils ne pouvait distinguer celui qui avait répondu ; mais il fut vraiment convaincu que c'était le chien qui parlait. Aussitôt, sans perdre de temps, il revient droit à la maison où il arrive tout tremblant. « Qu'as-tu, mon cher fils ? dit le père. — J'en fais le serment sur ma mère, Estula vient de me parler. — Qui ? notre chien ? — Vraiment, ma foi ; et si vous ne voulez m'en croire, appelez-le, vous l'entendrez. » Le bourgeois veut voir la merveille et sur-le-champ va dans la cour ; il appelle Estula son chien. Le voleur, ne soupçonnant rien, répond : « Mais oui, je suis ici ! » Le bourgeois en reste interdit : « Par tous les saints, toutes les saintes, fils, j'ai ouï bien des merveilles, mais certes jamais de pareilles. Va conter la chose au curé. Il faut l'amener avec toi : recommande-lui d'apporter son étole et de l'eau bénite [1]. » Le fils s'empresse d'obéir et court à la maison du prêtre. Aussitôt, sans perdre de temps, il dit : « Sire, venez chez nous ouïr des choses merveilleuses : telles jamais n'avez ouïes. Prenez l'étole à votre cou. » Le curé répond : « Tu es fou de vouloir m'emmener dehors ; je suis pieds nus, je n'irai pas. » Le fils là-dessus lui réplique : « Vous viendrez, je vous porterai. » Le prêtre, ayant pris son étole, sans ajouter une parole, monte sur le dos du garçon et celui-ci se met en route ; mais afin d'arriver plus vite, il descend droit par le sentier qu'avaient emprunté les voleurs. Celui qui dérobait les choux vit la forme blanche du prêtre ; il crut que c'était son compère qui lui apportait du butin. Il lui demande tout joyeux : « Vas-tu m'apporter quelque chose ? — Sûrement oui », répond le fils, croyant avoir ouï son père. Le voleur dit :

« Dépose-le. Mon couteau est bien émoulu ; on l'a affûté à la forge et je vais lui couper la gorge. » Le prêtre, l'ayant entendu, convaincu qu'on l'avait trahi, lâcha les épaules du fils et décampa tout affolé ; mais il accrocha son surplis à un pieu, où il le laissa ; car il n'osa pas s'attarder pour tenter de le décrocher. Ignorant ce qu'il en était, le voleur qui coupait les choux ne resta pas moins étonné que celui qu'il avait fait fuir ; et cependant il s'en va prendre l'objet blanc qu'il voit au pieu pendre et il décroche le surplis. Son frère à ce moment sortit du bercail avec un mouton ; il appela son compagnon qui avait son sac plein de choux. Ayant bien chargé leurs épaules, et sans s'attarder davantage, tous deux regagnent leur maison, et le chemin ne fut pas long. Alors le voleur au surplis montre à son frère son butin. Ils ont bien plaisanté, bien ri. Le rire, naguère perdu, maintenant leur était rendu.

En peu de temps, Dieu fait son œuvre. Tel rit le matin, le soir pleure ; et tel est le soir chagriné qui le matin fut en gaieté.

(MR, IV, 96 ;
Martha Walters-Gehrig,
Trois Fabliaux.)

1. Le bourgeois croit à une intervention du diable. Sur les cérémonies d'exorcisme, voir *Les Trois Aveugles de Compiègne*.

Les Trois Aveugles de Compiègne

par CORTEBARBE

Je dirai ici la matière d'un fableau que je veux conter. On tient le ménestrel pour sage s'il s'ingénie à composer beaux récits et belles histoires qu'on dit devant ducs, devant comtes. Fableaux sont bons à écouter : ils font oublier mainte peine, mainte douleur et maint ennui. Cortebarbe a fait ce fableau ; je crois qu'il s'en souvient encore.

Il advint que près de Compiègne suivaient leur chemin trois aveugles ; ils n'avaient avec eux personne pour les mener ou les conduire ni pour leur indiquer la route. Chacun d'eux avait sa sébile ; ils étaient pauvrement vêtus. Ainsi marchaient-ils vers Senlis. Un clerc qui venait de Paris — entendu au bien comme au mal — était suivi d'un écuyer à cheval, portant ses bagages ; lui montait un beau palefroi et s'en allait à vive allure. Il a rejoint les trois aveugles, s'aperçoit que nul ne les guide : comment trouvent-ils leur chemin ? Il dit : « Que j'attrape la goutte si je ne sais s'ils y voient goutte ! » L'entendant venir, les aveugles se rangent vite de côté et s'écrient : « Faites-nous du bien ! Il n'est pas plus pauvres que nous ; ne pas voir est grande misère. » Et le clerc aussitôt s'avise de leur jouer un joli tour. « Voici, leur dit-il, un besant que je vous donne pour vous trois. — Dieu vous le rende, par

sa croix ! » Chacun dit : « C'est un beau présent ! »,
s'imaginant qu'un autre l'a. Le clerc, qui là-dessus les
laisse, se promet de voir le partage. Il met aussitôt pied
à terre ; il prête l'oreille et écoute ce que disent les trois
aveugles. Le plus vieux émet son avis : « Il ne nous a
rien refusé celui qui donna ce besant. Un besant, c'est
un beau cadeau. Savez-vous ce qu'il nous faut faire ?
Nous retournerons à Compiègne. Il y a vraiment bien
des jours que nous n'avons pas eu nos aises. Prendre
du bon temps, c'est justice. Tout, à Compiègne, est à
plenté. » Chacun des autres de répondre : « C'est bien
dit, repassons le pont. » Ils s'en retournent vers
Compiègne, toujours dans le même équipage, radieux,
nageant dans la joie. Le clerc les suit : il veut les suivre
en attendant de voir la fin. Les voilà entrés dans la
ville ; on entend crier dans la rue : « Ici, bon vin frais
et nouveau ! Vin d'Auxerre, vin de Soissons[1], et bon
pain et viande et poisson. Dépensez ici votre argent :
l'auberge s'ouvre à tout venant. On loge ici tout à son
aise ! » Ils s'en vont par là volontiers ; étant entrés dans
la maison, ils s'adressent à l'hôtelier : « Il ne faut pas
nous mépriser si nous sommes très mal vêtus. Il nous
plairait d'être traités entre nous, à part ; nous paierons
mieux que maints voyageurs cossus. Nous voulons être
bien servis. » L'hôte pense qu'ils disent vrai, car
souvent ces sortes de gens ont une bourse bien garnie,
et s'emploie à les satisfaire. Il les mène à la chambre
haute : « Seigneurs, leur dit-il, vous pourriez rester ici
une semaine et vous n'auriez pas à vous plaindre. Il
n'est bon morceau dans la ville que vous n'ayez si vous
voulez. — Sire, font-ils, dépêchez-vous et qu'on nous
serve largement. — Laissez-moi faire », répond l'hôte.
Il leur prépare cinq services : pain et viande, pâtés,
chapons, des vins, mais seulement des bons. Il fait tout
monter à l'étage, il fait mettre au feu du charbon ; eux
s'assoient à la table haute[2]. Cependant le valet du clerc

met les chevaux à l'écurie avant de prendre son logis.
Le clerc, qui était bien appris et vêtu avec élégance,
dîne à midi, soupe le soir à la même table que l'hôte,
occupant la place d'honneur. On sert comme des
chevaliers les trois aveugles dans leur chambre. Chacun d'eux y mène grand bruit et l'un verse du vin à
l'autre : « Tiens, je t'en donne, donne-m'en ! Ce vin-là
vient de bonne vigne. » Bien sûr, ils ne s'ennuyaient
pas ; jusqu'à minuit ils se gobergent sans souci et tout à
leur gré. Les lits prêts, ils vont se coucher en espérant
s'y attarder. Quant au clerc, il est toujours là en
attendant le dénouement.

Hôte et valet, de bon matin, se sont levés, et puis ils
comptent ce qu'ont coûté viande et poisson. Le valet
dit : « En vérité, le pain, le vin et le pâté ont bien coûté
plus de dix sous. Ils ont entre eux fait bonne chère. Le
clerc, lui, en a pour cinq sous. — Celui-là ne m'inquiète guère ; va là-haut et fais-moi payer. » Et le valet,
sans plus attendre, va chez les aveugles et leur dit qu'il
faut que chacun d'eux s'habille ; son maître veut être
payé. « Soyez sans crainte, lui font-ils ; sachez que
nous le paierons bien. Savez-vous ce que nous devons ?
— Oui, dit-il, vous devez dix sous. — Ce n'est pas
trop. » Tous trois se lèvent et descendent. A côté le
clerc, qui se chaussait devant son lit, ne perdait rien de
leurs propos. Les aveugles dirent à l'hôte : « Sire, nous
avons un besant, nous pensons qu'il est de bon poids ;
et vous nous rendrez la monnaie, avant que nous
mangions encore. — Bien volontiers, leur répond
l'hôte. — Que celui qui l'a le lui donne, fait l'un, car
moi je ne l'ai pas. — C'est donc Robert Barbefleurie.
— Pas du tout, je sais que c'est toi. — Corbleu ! ce
n'est pas moi qui l'ai ! — Qui donc l'a ? — Toi ! —
Mais non, c'est toi ! — L'argent ! ou vous serez battus,
leur dit l'hôte, seigneurs truands, et jetés en fosse
puante avant que vous partiez d'ici. » Mais ils lui

crient : « Pour Dieu, pitié ! Sire nous allons vous
payer. » Et la dispute recommence. « Robert, fait l'un,
donne-lui vite le besant, tu marchais devant, et c'est
donc toi qui l'as reçu. — Non, c'est toi qui allais
derrière ; donne-le-lui, je ne l'ai pas. — Je suis venu au
bon moment, dit l'hôte, je vois qu'on me gruge. » A
l'un il donne un grand soufflet et fait apporter des
bâtons. Le clerc, qui ne manquait de rien, et que la
scène amusait fort, se pâmait de rire, ravi. Voyant
qu'on en venait aux coups, il va bien vite trouver
l'hôte, lui demande ce qui se passe et ce qu'il réclame à
ces gens. « Comment, lui dit l'autre, ils ont bu et
mangé pour dix sous ; ils veulent bonnement se
moquer de moi. Ils en seront récompensés : ils auront
honte de leur corps. — Mettez donc cela sur mon
compte, dit le clerc ; je dois quinze sous. Ayons pitié
des pauvres gens. » L'hôte répond : « Bien volontiers ;
vous êtes un clerc généreux. » Et les aveugles s'en vont
quittes.

Mais écoutez le subterfuge que le clerc alors
machina. On sonnait la messe à l'église. S'adressant à
l'hôte il lui dit : « Vous connaissez bien le curé ?
Pourriez-vous lui faire confiance s'il voulait vous payer
pour moi les quinze sous que je vous dois ? — Point
n'est besoin de me l'apprendre, fait le bourgeois, par
saint Sylvestre, je ferais crédit au curé, s'il le voulait,
de trente livres. — Dites donc qu'on me tienne quitte
quand je reviendrai à l'auberge : vous serez payé à
l'église. » L'hôte donne aussitôt ses ordres ; le clerc dit
à son écuyer d'apprêter chevaux et bagages. Que tout
soit fait à son retour ! Il dit à l'hôte de venir : tous deux
se rendent à l'église et prennent place dans le chœur.
Le clerc, qui doit les quinze sous, a pris son hôte par le
doigt et le fait asseoir près de lui. « Je n'ai pas, fait-il, le
loisir d'attendre la fin de la messe. Vous aurez ce que
j'ai promis : je vais dire à votre curé qu'il vous donne

vos quinze sous dès qu'il aura chanté l'office. — Faites
à votre volonté », répond le bourgeois qui le croit. Le
prêtre a mis ses ornements et s'apprête à dire la messe ;
et le clerc se présente à lui, sachant bien ce qu'il allait
dire ; on aurait cru un gentilhomme et son air n'était
pas revêche. Voilà qu'il tire de sa bourse douze deniers
pour les glisser aussitôt dans la main du prêtre. « Sire,
fait-il, par saint Germain, veuillez m'écouter un instant. Tous les clercs doivent être amis : je viens donc
vous voir à l'autel. J'ai passé la nuit à l'auberge ; mon
hôte est un excellent homme et dépourvu de fourberie ;
que le doux Jésus-Christ le garde ! Mais une maladie
cruelle l'a pris hier soir dans la tête pendant que nous
soupions gaiement ; il en était tout égaré. S'il va mieux,
je crois, Dieu merci, la tête lui fait mal encore. Je vous
demande de lui lire un évangile sur le chef[3], quand
vous aurez chanté la messe. — Entendu, répond le
curé, je le lui lirai, par saint Gilles. » Et puis,
s'adressant au bourgeois : « Quand la messe sera finie,
je ferai ce que j'ai promis. Disons donc que le clerc est
quitte. — Je ne demande rien de plus. — Sire prêtre,
que Dieu vous garde, fait le clerc. Adieu, beau doux
maître. » Le prêtre alors monte à l'autel, et bientôt la
messe commence. Ce jour-là était un dimanche et il y
avait affluence. Le clerc, en homme bien appris, vient
prendre congé de son hôte et le bourgeois, sans plus
attendre, l'accompagne jusqu'à l'auberge. Le clerc
monte à cheval et part. Aussitôt après, le bourgeois
revient à l'église, impatient de recevoir ses quinze sous.
Il pensait déjà les tenir et dans le chœur il attendait que
le prêtre se dévêtît et que la messe fût chantée. Mais
tout de suite le curé prend son missel et son étole[4], et
lui crie : « Sire Nicolas, venez ici, et à genoux ! » Ces
propos ne sont pas du goût de l'hôtelier qui lui
réplique : « Je suis venu pour autre chose ; payez-moi
donc mes quinze sous. — Vraiment, il a perdu la tête,

que le Seigneur lui vienne en aide ! Il délire, je le vois
bien. — Ecoutez, fait l'hôte, écoutez : ce prêtre-là veut
me berner et j'ai failli perdre le sens quand il m'a
apporté son livre. — Beau doux ami, je vous conseille,
dit l'autre, quoi qu'il vous en coûte, de vous recommander à Dieu ; ainsi vous serez soulagé. » Sur la tête il
lui met le livre, s'apprête à lire l'évangile, et le
bourgeois de protester : « J'ai chez moi du travail à
faire et n'ai cure de cette affaire. Je veux à l'instant
mon argent. » Le prêtre en est tout effrayé ; il appelle
ses paroissiens qui s'attroupent autour de lui. Il leur
dit : « Tenez-moi cet homme ; c'est un fou, je n'en
doute plus. — Je ne suis pas fou, s'écrie l'hôte, je le
jure par saint Cornille [5] et par la foi due à ma fille. Vous
me .paierez mes quinze sous. N'essayez pas de me
tromper. » Le curé dit : « Tenez-le bien. » Sans hésiter les paroissiens aussitôt fermement l'empoignent, le
saisissant par les deux mains. De son mieux chacun
l'encourage. Le prêtre apporte son missel pour lui lire,
l'étole au cou, l'évangile d'un bout à l'autre, croyant
vraiment qu'il était fou ; puis il l'asperge d'eau bénite.
Mais l'hôtelier n'a qu'un désir, c'est de regagner sa
maison. On le lâche, on le laisse libre. Le prêtre enfin,
pour le bénir, lui fait le signe de la croix et dit : « Vous
avez eu grand-peine ! » L'hôtelier en demeure coi. Il
est furieux et plein de honte d'avoir été joué ainsi.
Heureux de pouvoir s'échapper, il revient droit à son
logis.

Cortebarbe à ce sujet dit qu'on a tort de berner les
autres. Ainsi prendra fin mon histoire.

(MR, I, 4 ; et éd. Georges Gougenheim.)

1. Dans le *Jeu de saint Nicolas* de Jean Bodel (vers 1200),
un tavernier hèle les passants sur le seuil de sa porte : «Bon

dîner céans, bon dîner! Ici pain chaud et chauds harengs et vin d'Auxerre à plein tonneau!» Les vins de l'Auxerrois bénéficiaient, au Moyen Âge, d'une renommée considérable. Il était même d'usage d'appeler «vins de Bourgogne» les seuls vins du pays d'Auxerre (les vins de Haute-Bourgogne étant difficilement acheminés vers le Nord, faute d'une voie fluviale). «Le commerce du vin et le vignoble lui-même avaient pris à Auxerre une importance dont fut vivement frappé, vers 1245, un moine franciscain de Ferrare, le frère Salimbene, qui séjournait alors en France et qui dans la précieuse relation latine qu'il a laissée du voyage, dit à peu près ceci : "Quand frère Gabriel de Crémone m'assura un jour qu'Auxerre avait à elle seule davantage de vignes et de vin que Crémone, Parme, Reggio et Modène réunies, je n'en voulus rien croire; cela me paraissait invraisemblable. Mais quand j'eus fait moi-même un séjour à Auxerre, je dus reconnaître qu'il avait dit vrai et que, dans le vaste espace que comprend le diocèse de cette ville, monts, coteaux, plaines et champs sont couverts de vignes. Les gens de ce pays, en effet, ne moissonnent point, n'amassent point dans les greniers. Il leur suffit d'envoyer leur vin à Paris par la rivière toute proche, qui précisément y descend."» Paris d'ailleurs n'était souvent «que la première étape des vins pris en charge par la batellerie de l'Yonne. Une bonne part de leur masse allait grossir le trafic fluvial qui, plus loin, portait les vins d'une part vers Rouen et la mer, d'autre part... par la rivière d'Oise, vers Compiègne, d'où les cargaisons étaient acheminées par le roulage terrestre, vers la Picardie, l'Artois, la Flandre et le Hainaut... Compiègne tirait de sa fonction de port de transbordement de grands avantages» (Roger Dion, *Histoire de la vigne et du vin en France des origines au XIXe siècle*, Paris, chez l'auteur, 1959; sur les vins de l'Auxerrois, voir p. 244-248). Reste aujourd'hui l'important vignoble de Chablis et des environs, mais le vignoble d'Auxerre, anéanti à la fin du siècle dernier par le phylloxéra, n'a pas été reconstitué : il n'en subsiste que le minuscule carré du clos de la Chaînette, dépendance imprévue de l'hôpital psychiatrique. Roger Dion insiste aussi (p. 207-210) sur l'importance des vignobles de Laon et de Soissons. Les vins de cette région étaient facilement exportés par la route, à travers les plateaux picards, vers la Flandre et le Hainaut.

2. Table d'honneur, réservée aux hôtes de choix, installée sur une sorte d'estrade. Dans les réfectoires de certaines com-

munautés religieuses, la «table haute» était naguère encore en usage.

3. Cérémonie d'exorcisme. On considérait les déments comme des possédés du diable : on leur «lisait sur la tête» une page empruntée aux évangiles et relatant comment Jésus chassait les démons.

4. L'étole est une longue bande d'étoffe, ornée de trois croix, que le prêtre se passe autour du cou lorsqu'il dit la messe, lorsqu'il administre les sacrements. «On met le bout de l'étole sur la tête, quand on lit un évangile pour quelque personne» (Furetière).

5. Saint Cornille (saint Corneille) était vénéré à Compiègne. Le monastère placé sous son vocable était le plus célèbre des établissements religieux de la ville : il n'en demeure que des restes du cloître. Dans le fabliau d'*Auberée*, dont l'action se déroule à Compiègne, l'entremetteuse emmène au moutier de Saint-Cornille, pour donner le change, la jeune femme qu'elle a réussi à séduire. — Le bourgeois a déjà juré par saint Sylvestre, et le clerc par saint Germain. Chevilles, selon Bédier, ces serments par lesquels les personnages des fabliaux ne cessent de prendre à témoin tous les saints du Paradis. Saint Corneille et saint Martin, saint Grégoire et saint Rémi, saint Eustache et le «baron saint Loup» n'interviendraient dans le récit que pour fournir à point nommé, par la diversité de leurs noms, les rimes désirées. Grossissement du trait, peut-être, en vue d'un effet comique; mais il semble naturel d'entendre des chrétiens du XIIIᵉ siècle invoquer en toutes circonstances la protection du ciel, comme les personnages de Plaute jurent à chaque réplique par Castor, par Jupiter et par Hercule, et ceux des dialogues de Lucien par Zeus, Déméter ou Apollon.

Les Perdrix

Puisqu'il est dans mon habitude de vous raconter des histoires, je veux dire, au lieu d'une fable, une aventure qui est vraie.

Un vilain, au pied de sa haie, un jour attrapa deux perdrix. Il les prépare avec grand soin ; sa femme les met devant l'âtre (elle savait s'y employer), veille au feu et tourne la broche ; et le vilain sort en courant pour aller inviter le prêtre. Il tarda tant à revenir que les perdrix se trouvaient cuites. La dame dépose la broche ; elle détache un peu de peau, car la gourmandise est son faible. Lorsque Dieu la favorisait, elle rêvait, non d'être riche, mais de contenter ses désirs. Attaquant l'une des perdrix, elle en savoure les deux ailes, puis va au milieu de la rue pour voir si son mari revient. Ne le voyant pas arriver, elle regagne la maison et sans tarder elle expédie ce qui restait de la perdrix, pensant que c'eût été un crime d'en laisser le moindre morceau. Elle réfléchit et se dit qu'elle devrait bien manger l'autre. Elle sait ce qu'elle dira si quelqu'un vient lui demander ce qu'elle a fait de ses perdrix : elle répondra que les chats, comme elle mettait bas la broche, les lui ont arrachées des mains, chacun d'eux emportant la sienne. Elle se plante dans la rue afin de guetter son mari, et ne le voit pas revenir; elle sent frétiller sa langue, songeant à la perdrix qui reste : elle deviendra enragée si elle ne peut en avoir ne serait-ce qu'un petit bout. Détachant le cou doucement, elle le mange avec délices; elle s'en pourlèche les doigts. « Hélas! dit-elle, que ferai-je? Que dire, si je mange tout? Mais pourrais-je laisser le reste? J'en ai une si grande envie! Ma foi, advienne que pourra; il faut que je la mange toute. » L'attente dura si longtemps que la dame se rassasia.

Mais voici venir le vilain; il pousse la porte et s'écrie : « Dis, les perdrix sont-elles cuites? — Sire, fait-elle, tout va mal, car les chats me les ont mangées. » A ces mots, le vilain bondit et court sur elle comme un fou. Il lui eût arraché les yeux, quand elle crie : « C'était pour rire. Arrière, suppôt de Satan! Je les tiens au chaud, bien couvertes. — J'aurais chanté de belles laudes [1], foi que je dois à saint Lazare. Vite, mon bon hanap de bois et ma plus belle nappe blanche! Je vais l'étendre sur ma chape sous cette treille, dans le pré. — Mais prenez donc votre couteau; il a besoin d'être affûté et faites-le couper un peu sur cette pierre, dans la cour. » L'homme jette sa cape et court, son couteau tout nu dans la main.

Mais arrive le chapelain, qui pensait manger avec eux; il va tout droit trouver la dame et l'embrasse très doucement, mais elle se borne à répondre : « Sire, au plus tôt fuyez, fuyez! Je ne veux pas vous voir honni, ni voir votre corps mutilé. Mon mari est allé dehors pour aiguiser son grand couteau; il prétend qu'il veut vous couper les couilles s'il vous peut tenir. — Ah! puisses-tu songer à Dieu! fait le prêtre, que dis-tu là? Nous devions manger deux perdrix que ton mari prit ce matin. — Hélas! ici, par saint Martin, il n'y a perdrix ni oiseau. Ce serait un bien bon repas; votre malheur me ferait peine. Mais regardez-le donc là-bas comme il affûte son couteau! — Je le vois, dit-il, par

mon chef. Tu dis, je crois, la vérité. » Et le prêtre, sans
s'attarder, s'enfuit le plus vite qu'il peut. Au même
instant, elle s'écrie : « Venez vite, sire Gombaut. —
Qu'as-tu ? dit-il, que Dieu te garde. — Ce que j'ai ? Tu
vas le savoir. Si vous ne pouvez courir vite, vous allez y
perdre, je crois ; car par la foi que je vous dois, le prêtre
emporte vos perdrix. » Pris de colère, le bonhomme,
gardant son couteau à la main, veut rattraper le
chapelain. En l'apercevant, il lui crie : « Vous ne les
emporterez pas ! » Et de hurler à pleins poumons :
« Vous les emportez toutes chaudes ! Si j'arrive à vous
rattraper, il vous faudra bien les laisser. Vous seriez
mauvais camarade en voulant les manger sans moi. »
Et regardant derrière lui, le chapelain voit le vilain qui
accourt, le couteau en main. Il se croit mort, s'il est
atteint ; il ne fait pas semblant de fuir, et l'autre pense
qu'à la course il pourra reprendre son bien. Mais le
prêtre, le devançant, vient s'enfermer dans sa maison [2].

Le vilain chez lui s'en retourne et il interroge sa
femme : « Allons ! fait-il, il faut me dire comment il t'a
pris les perdrix. » Elle lui répond : « Que Dieu
m'aide ! Sitôt que le prêtre me vit, il me pria, si je
l'aimais, de lui montrer les deux perdrix : il aurait
plaisir à les voir. Et je le conduisis tout droit là où je les
tenais couvertes. Il ouvrit aussitôt les mains, il les saisit
et s'échappa. Je ne pouvais pas le poursuivre, mais je
vous ai vite averti. » Il répond : « C'est peut-être vrai ;
laissons donc le prêtre où il est. » Ainsi fut dupé le
curé, et Gombaut, avec ses perdrix.

Ce fabliau nous a montré que femme est faite pour
tromper : mensonge devient vérité et vérité devient
mensonge. L'auteur du conte ne veut pas mettre au
récit une rallonge et clôt l'histoire des perdrix.

(MR, I, 17.)

1. Entendons ironiquement : tu aurais eu droit à mes éloges. Les *laudes* sont l'office qui se récite ou se chante à l'aurore et qu'on trouve après matines dans les livres d'heures ; cet office est composé de psaumes à la louange de Dieu.

2. On a noté qu'un même quiproquo se retrouve dans l'*Heptaméron* (trente-quatrième nouvelle) et dans le récit bien connu de Paul-Louis Courier (une aventure en Calabre, lettre du 1ᵉʳ novembre 1807 à Mᵐᵉ Pigalle, *Œuvres complètes* de P.-L. Courier, Bibliothèque de la Pléiade, 1951, p. 752-755) ; ajoutons une scène d'une comédie de La Chapelle, *Les Carrosses d'Orléans* (1680).

Le Vilain mire [1]

Il était un riche vilain, extrêmement avare et chiche.
Il ne quittait pas sa charrue, qu'il menait lui-même,
attelée d'une jument et d'un roncin. Il avait pain et
viande et vin toujours au gré de ses besoins. Mais ses
amis le blâmaient fort, et avec eux tout le pays, de ne
pas avoir pris de femme. « Si j'en rencontrais une
bonne, je la prendrais bien », leur dit-il. On lui promit
donc de chercher la meilleure qu'on pût trouver.

Dans le village un chevalier — un vieil homme
demeuré veuf — avait une fille charmante et damoiselle très courtoise. Mais comme il était sans fortune, il
ne trouvait jamais personne qui vînt lui demander sa
main. Il l'eût volontiers mariée, car c'était temps de la
pourvoir. Un jour, les amis du vilain vinrent ensemble
le prier de la donner au paysan qui avait tant d'or et
d'argent, tant de froment et tant de linge. Aussitôt il y
consentit et la pucelle en fille sage n'osa contredire son
père, puisqu'elle avait perdu sa mère. Elle octroya ce
qu'il voulut. Le vilain, le plus tôt qu'il put, l'épousa,
mais de cette affaire la fille n'avait pas grand-joie. Que
n'eût-elle osé refuser ! Quant au vilain, il s'aperçoit, le
tracas des noces passé, qu'il a commis une sottise.
Avoir fille de chevalier ne convient guère à son usage.
Quand il ira à la charrue, viendra rôder un damoiseau

pour qui tous les jours sont fériés ; sortira-t-il de sa
maison, ce sera le tour du curé, si assidu dans ses
visites qu'il arrivera à ses fins. Jamais fille de chevalier
n'aimera un mari vilain : pour elle il ne vaut pas deux
miches. « Pauvre de moi ! dit le bonhomme ; quel parti
prendre, je ne sais. Les regrets ne servent à rien. » Il se
met alors à chercher comment il pourra la défendre.
« Dieu ! fait-il, si je la battais, le matin quand je suis
levé, elle pleurerait tout le jour et j'irais tranquille au
labour. Bien sûr, tant qu'elle pleurerait, nul n'irait lui
faire la cour. Le soir venu, à mon retour, je lui
demanderais pardon. Je la rendrais le soir heureuse,
mais malheureuse le matin. » Le vilain ne veut pas
partir avant de s'être restauré : sa femme court le
satisfaire. Ils n'avaient saumon ni perdrix, mais pain et
vin et des œufs frits et du fromage à discrétion, de la
réserve du vilain. Sitôt que la table est ôtée, de sa main
qu'il a grande et large, il frappe sa femme au visage
laissant la marque de ses doigts ; il la traîne par les
cheveux. Aurait-elle démérité que le brutal, en vérité,
ne l'aurait pas si bien battue. Cela fait, il s'en va aux
champs, laissant sa femme tout en larmes. « Hélas !
gémit-elle, que faire ? Je ne sais à quel saint me vouer.
Mon père m'a bien sacrifiée en me donnant à ce vilain.
Allais-je donc mourir de faim ? Certes ce fut la rage au
cœur que j'acceptai un tel mari. Pourquoi ma mère est-
elle morte ? » C'est ainsi qu'elle se désole ; et les gens
qui viennent la voir ne peuvent que rentrer chez eux.
Tout le jour elle est éplorée ; quand le vilain rentre au
logis avec le coucher du soleil, il se jette aux pieds de sa
femme, pour Dieu lui demande pardon : « Sachez que
ce fut le Malin qui me poussa à mal agir ; mais croyez-
moi, je vous le jure, je ne vous battrai plus jamais ; je
suis triste et plein de regrets de vous avoir brutalisée. »
Tant lui dit le vilain puant que la dame pardonne
encore et de bonne grâce lui sert le souper qu'elle a

préparé. Quand le repas fut terminé, ils allèrent au lit
en paix. Au matin, l'horrible vilain se remet à battre sa
femme (peu s'en faut qu'il ne l'estropie !), puis s'en va
aux champs labourer. Voici la dame encore en pleurs :
« Hélas ! que vais-je devenir ? Je ne sais à quoi
m'arrêter, car je suis en triste posture. Frappa-t-on
jamais mon mari ? Ce que sont les coups, il l'ignore ;
s'il le savait, pour rien au monde il n'oserait me
maltraiter. »

Mais tandis qu'elle se lamente viennent deux messagers du roi, chacun sur un blanc palefroi. Ils piquent
des deux vers la dame et la saluent au nom du roi ; ils
lui demandent à manger car ils ont, disent-ils, grand-
faim. Elle les sert et les questionne : « D'où venez-
vous ? Où allez-vous ? Dites-moi ce que vous cherchez. » L'un d'eux répond : « Dame, c'est vrai, nous
sommes messagers du roi. Il nous envoie chercher un
mire et nous sommes prêts, s'il le faut, à aller jusqu'en
Angleterre. — Pour quoi faire ? — Damoiselle Ade, la
fille du roi, est malade et il y a huit jours entiers qu'elle
ne peut manger ni boire, car une arête de poisson reste
plantée en son gosier. Le roi en est bien affligé ; s'il la
perd, pour lui plus de joie. » La dame dit : « Vous
n'irez pas aussi loin que vous le pensez, car mon mari
est, croyez-moi, bon médecin, je vous assure. Certes, il
sait plus de remèdes et de vrais jugements d'urine que
jamais n'en sut Hippocrate. — Dame, ne plaisantez-
vous pas ? — Je ne dis pas cela pour rire ; mais il a un
tel caractère qu'il ne ferait rien pour personne avant
d'être bien étrillé. — Dame, on pourra s'y employer :
pour les coups, il sera servi. Où pourrons-nous le
rencontrer ? — Vous allez le trouver aux champs.
Quand vous sortirez de la cour, vous suivrez le lit du
ruisseau et non loin d'un mauvais chemin, la toute
première charrue que vous pourrez voir, c'est la nôtre.
Allez ! que saint Pierre vous garde ! » Les messagers,

piquant des deux, trouvent sans peine le vilain ; ils le
saluent au nom du roi et lui disent sans plus tarder :
« Venez vite parler au roi. — Et pourquoi ? répond le
vilain. — Afin d'exercer vos talents : on ne connaît pas
sur la terre de mire plus savant que vous. De loin nous
venons vous chercher. » Quand il s'entend appeler mire,
tout son sang se met à bouillir ; il affirme qu'il ne sait
rien. « Qu'attendons-nous ? fait l'un des deux. Tu sais
qu'il veut être battu avant de parler ou d'agir. » L'un
lui donne un coup sur l'oreille, l'autre lui martèle le
dos avec un bâton grand et gros. Après l'avoir bien
malmené, ils le conduisent chez le roi, l'ayant monté à
reculons, la tête en place des talons. Le roi allait à leur
rencontre et dit : « N'avez-vous rien trouvé ? — Mais
si », répondent-ils ensemble, et le vilain tremble de
peur. Aussitôt ils content au roi quels talents avait le
vilain, comment aussi, par félonie, quelque prière
qu'on lui fît, il ne voulait guérir personne à moins
d'être roué de coups. « Fâcheux médecin ! dit le roi.
En vit-on jamais de pareil ? — S'il en est ainsi, qu'on le
batte, s'écrie un valet, je suis prêt. On n'a qu'à me
donner des ordres : je lui paierai ce qu'on lui doit. »
Mais le roi s'adresse au vilain : « Maître, fait-il,
écoutez-moi. Je vais faire venir ma fille qui a grand
besoin de guérir. » Le vilain demande merci :
« Croyez-moi, sire, en vérité, pour Dieu qui jamais ne
mentit, j'ignore tout de la physique. » Le roi lui dit :
« J'entends très bien. Battez-le-moi ! » Et les valets à le
rosser bientôt s'escriment. Dès que le vilain sent les
coups, il croit que c'est pure folie : « Pardon ! se met-il
à crier ; je vais la guérir sans tarder. »

La pucelle était dans la salle, toute pâle, mine
défaite. Et le vilain cherche en sa tête comment il
pourra la guérir, car il sait qu'il doit réussir : sinon il
lui faudra mourir. Il se dit que s'il la fait rire par ses
propos ou ses grimaces, l'arête aussitôt sortira puis-

qu'elle est plantée dans sa gorge. Il prie le roi : « Faites un feu dans cette chambre et qu'on me laisse ; vous verrez quels sont mes talents. Si Dieu veut, je la guérirai. » On allume alors un grand feu, car le roi en a donné l'ordre. Les écuyers, les valets sortent. La fille s'assoit devant l'âtre. Quant au vilain, il se met nu, ayant ôté jusqu'à ses braies, et vient s'allonger près du feu. Alors il se gratte, il s'étrille ; ses ongles sont longs, son cuir dur. Il n'est homme jusqu'à Saumur qui soit meilleur gratteur que lui. Le voyant ainsi, la pucelle, malgré le mal dont elle souffre, veut rire et fait un tel effort que l'arête sort de sa bouche et tombe dans la cheminée. Il se rhabille, prend l'arête, sort de la chambre triomphant. Dès qu'il voit le roi, il lui crie : « Sire, votre fille est guérie ! Voici l'arête, Dieu merci. » Le roi en a très grande joie et dit au vilain : « Sachez bien que je vous aime plus que tout ; vous aurez vêtements et robes. — Merci, sire, je n'en veux pas ; je ne puis rester près de vous. Je dois regagner mon logis. — Il n'en sera rien, dit le roi. Tu seras mon ami, mon maître. — Merci, sire, par saint Germain ! Il n'y a pas de pain chez moi ; quand je partis, hier matin, on devait aller au moulin. » Le roi fait signe à deux valets : « Battez-le-moi, il restera. » Ceux-ci aussitôt obéissent et viennent rosser le vilain. Quand le malheureux sent les coups pleuvoir sur son dos et ses membres, il se met à leur crier grâce : « Je resterai, mais laissez-moi. »

Le vilain donc reste à la cour. D'abord, on le tond, on le rase ; on lui met robe d'écarlate. Il se croyait tiré d'affaire quand les malades du pays, plus de quatre-vingts, je crois bien, ensemble viennent chez le roi, à qui chacun conte son cas. Le roi appelle le vilain : « Maître, dit-il, venez ici. Occupez-vous de ces gens-là, et vite, guérissez-les-moi. — Pitié, sire ! dit le vilain. Il y en a trop, que Dieu m'aide ! Je n'en saurais

venir à bout ; je ne pourrais les guérir tous. » Le roi fait
signe à deux valets qui se saisissent d'un bâton, ayant
aussitôt deviné pourquoi le roi les appelait. Quand le
vilain les voit venir, tout son sang commence à frémir :
« Grâce ! se met-il à crier ; je les guérirai sans tarder. »
Le vilain demande du bois ; il en a autant qu'il en veut.
Dans la salle on fait un grand feu : lui-même à l'attiser
s'emploie. Il réunit tous les malades ; c'est alors qu'il
demande au roi : « Sire, il faut sortir de la salle avec
ceux qui n'ont aucun mal. » Le roi obéit volontiers,
sort de la salle avec ses gens. Et le vilain dit aux
malades : « Seigneurs, par Dieu qui me créa, vous
guérir n'est pas chose aisée. Je n'en saurais venir à bout
que par le moyen que voici. Je vais choisir le plus
malade, je le brûlerai dans ce feu ; les autres en auront
profit : ceux qui avaleront sa cendre tout aussitôt
seront guéris. » Ils se lorgnent les uns les autres ; mais
il n'est bossu ni enflé qui se croie le plus mal en point,
lui donnât-on la Normandie. Le vilain s'adresse au
premier : « Je te vois en piteux état : tu es de tous le
plus débile. — Pardon, je suis mieux portant, sire, que
jamais je ne l'ai été. Je suis soulagé d'un grand mal
dont je souffrais depuis longtemps. Sachez qu'en rien
je ne vous mens. — Sors ! que viens-tu chercher ici ? »
Et l'autre aussitôt prend la porte. Le roi demande :
« Es-tu guéri ? — Oui, je suis guéri, Dieu merci ; me
voici plus sain qu'une pomme. Votre mire est un habile
homme. » Que pourrais-je encore vous dire ? Il n'y eut
ni petit ni grand qui voulût, pour le monde entier, être
jeté dans le brasier. Ainsi s'en vont tous les malades,
prétendant qu'ils étaient guéris. Et le roi, les voyant
ainsi, en est tout éperdu de joie. Il dit au vilain : « Mon
beau maître, vraiment je suis émerveillé que vous les
ayez sauvés tous. — Sire, je les ai enchantés, car j'ai un
charme qui vaut mieux que gingembre ou que citovaut. — Rentrez chez vous quand vous voudrez et vous

aurez de mes deniers, palefrois et bons destriers ; et quand je vous rappellerai, vous ferez à ma volonté. Vous serez mon ami très cher et tous les gens de ce pays, maître, vous chériront aussi. Ne jouez plus la comédie ; ne vous faites plus maltraiter, car c'est honte de vous frapper. — Merci, sire, dit le vilain ; soir et matin je suis votre homme et je n'en aurai pas regret. »

Il prend alors congé du roi, regagne joyeux sa maison. Jamais ne fut manant plus riche ; il n'alla plus à la charrue, plus jamais ne battit sa femme, mais il l'aima et la chérit. Tout alla comme je vous dis : par sa femme, et par sa malice, il fut bon mire sans études.

(MR, III, 74 ;
Hans Helmut Christmann,
Zwei altfranzösische Fablels.)

1. Il est difficile de savoir comment l'histoire du *Vilain mire* a pu arriver jusqu'à Molière. L'a-t-il recueillie dans la tradition orale ? A-t-il pris son sujet dans quelque farce italienne ou dans la dixième «serée» du conteur Guillaume Bouchet (1584-1598) ?

Le Vilain ânier

Il arriva à Montpellier qu'un vilain avait l'habitude de ramasser, avec deux ânes, du fumier pour fumer sa terre [1]. Un jour, ayant chargé ses bêtes, il entre bientôt dans la ville, poussant devant lui les deux ânes, souvent contraint de crier : « Hue ! » Il arrive enfin dans la rue où sont les marchands épiciers : les garçons battent les mortiers. Mais sitôt qu'il sent les épices, lui donnât-on cent marcs d'argent qu'il n'avancerait plus d'un pas. Il tombe aussitôt évanoui, si bien qu'on peut le croire mort. A cette vue, on se désole ; des gens disent : « Mon Dieu, pitié ! Voyez ici cet homme mort. » Mais aucun n'en sait le pourquoi. Les ânes restent arrêtés bien tranquillement dans la rue ; car l'âne n'a guère coutume d'avancer qu'on ne l'y invite. Un brave homme du voisinage, s'étant trouvé là par hasard, vient et demande aux gens qu'il voit : « Qui veut faire guérir cet homme ? Je m'en chargerais pour pas cher. » Alors un bourgeois lui répond : « Guérissez-le-moi tout de suite ; vous aurez vingt sous de ma poche » ; et l'autre dit : « Bien volontiers ! » Avec la fourche que portait le vilain en poussant ses ânes, il prend un paquet de fumier et va le lui porter au nez. Humant le parfum du fumier, l'homme oublie l'odeur des épices : il ouvre les yeux, il se lève et se dit tout à fait guéri ; et,

bien content, de déclarer : « Je n'irai plus jamais par
là, si j'arrive à passer ailleurs. »

Je veux montrer par cet exemple que n'a ni bon sens
ni mesure qui veut renier sa nature ; chacun doit rester
ce qu'il est.

(MR, V, 114 ;
T.B.W. Reid, *Twelve Fabliaux.*)

1. Sans doute faut-il entendre qu'ayant mis des paniers sur
le dos de ses ânes, le vilain va ramasser les ordures dans les
rues de la ville.

La ville de Montpellier a été longtemps célèbre par son commerce d'épicerie. «La vertu des épices et l'art de les utiliser
étaient enseignés dès le XII⁰ siècle par la fameuse école de
médecine de Montpellier qui devait beaucoup à la science des
médecins arabes et peut-être faut-il chercher là l'origine de
l'application des vins de la ville à la fabrication de liqueurs par-
fumées aux épices. C'est là, en tout cas, l'une des industries
les plus originales et les plus durables par lesquelles Montpellier se soit distinguée» (Roger Dion, *Histoire de la vigne et du
vin en France*, p. 316). Le roman de *Flamenca* (première moitié du XIII⁰ siècle) contient la description du grand repas qu'Ar-
chambaut, seigneur de Bourbon, offre à trois mille chevaliers :
il avait, à cette occasion, amassé tant d'épices, d'encens, de
cannelle, de poivre, de macis qu'on sentait dans son château
une odeur «plus agréable encore qu'à Montpellier quand, vers
Noël, les épiciers pilent leurs drogues». — *Le Département des
livres* (Méon, *Nouveau recueil de fabliaux et contes inédits*) est un
amusant monologue placé dans la bouche d'un clerc errant qui
doit vendre ses livres pour subsister : il abandonne son anti-
phonaire et son graduel «aux épices, à Montpellier». A la fin
du XVIII⁰ siècle encore, c'est sous l'enseigne «Aux magasins de
Montpellier» que le célèbre gastronome Grimod de La Rey-
nière fonda à Lyon, rue Mercière, une maison de commerce
où se débitaient épices, drogues et parfums.

Brunain la vache au prêtre

par Jean Bodel

C'est d'un vilain et de sa femme que je veux vous conter l'histoire. Pour la fête de Notre-Dame, ils allaient prier à l'église. Avant de commencer l'office, le curé vint faire son prône ; il dit qu'il était profitable de donner pour l'amour de Dieu et que Dieu au double rendait à qui le faisait de bon cœur. « Entends-tu ce que dit le prêtre ? fait à sa femme le vilain. Qui pour Dieu donne de bon cœur recevra de Dieu deux fois plus. Nous ne pourrions mieux employer notre vache, si bon te semble, que de la donner au curé. Elle a d'ailleurs si peu de lait. — Oui, sire, je veux bien qu'il l'ait, dit-elle, de cette façon. » Ils regagnent donc leur maison, et sans en dire davantage. Le vilain va dans son étable ; prenant la vache par la corde, il la présente à son curé. Le prêtre était fin et madré : « Beau sire, dit l'autre, mains jointes, pour Dieu je vous donne Blérain. » Il lui a mis la corde au poing, et jure qu'elle n'est plus sienne. « Ami, tu viens d'agir en sage, répond le curé dom Constant qui toujours est d'humeur à prendre ; si tous mes paroissiens étaient aussi avisés que tu l'es, j'aurais du bétail à plenté. » Le vilain prend congé du prêtre qui commande, sans plus tarder, qu'on fasse, pour l'accoutumer, lier la bête du vilain avec Brunain, sa propre vache. Le curé les mène en son clos, les laisse attachées l'une à l'autre. La vache du prêtre se baisse, car elle voulait pâturer. Mais Blérain ne veut l'endurer et tire la corde si fort qu'elle entraîne l'autre dehors et la mène tant par maisons, par chènevières et par prés qu'elle revient enfin chez elle, avec la vache du curé. Le vilain regarde, la voit ; il en a grande joie au cœur. « Ah ! dit-il alors, chère sœur, il est vrai que Dieu donne au double. Blérain revient avec une autre : c'est une belle vache brune. Nous en avons donc deux pour une. Notre étable sera petite ! »

Ce fabliau veut nous montrer que fol est qui ne se résigne. Le bien est à qui Dieu le donne et non à celui qui l'enfouit. Nul ne doublera son avoir sans grande chance, pour le moins. C'est par chance que le vilain eut deux vaches, et le prêtre aucune. Tel croit avancer qui recule.

(MR, I, 10 ;
Pierre Nardin,
Jean Bodel, Fabliaux.)

Le Prêtre qui dit la Passion

Je vais conter l'étrange histoire — je n'en connais pas de pareille — d'un prêtre sot, de sens borné, qui le jour du Vendredi saint commençait l'office divin. Tous les gens étaient à l'église, il avait mis ses ornements ; mais ayant perdu ses signets, il se mit alors à tourner et à retourner ses feuillets sans pouvoir, jusqu'à l'Ascension, y dénicher la Passion [1]. Et les vilains s'impatientaient et tous à la fois se plaignaient qu'il les fît jeûner trop longtemps. C'eût été l'heure de dîner si la messe avait été dite. Pourquoi m'étendre davantage ? Ils se récrièrent si bien qu'enfin le prêtre commença et se mit à dire au plus vite, à voix haute, puis à voix basse, les versets du psaume *Dixit Dominus Domino meo* [2]. Mais je ne peux pas vous trouver une rime qui soit en o et je poursuivrai de mon mieux.

Le prêtre alors fait sa lecture au hasard de ce qu'il rencontre et dit les vêpres du dimanche. Mais ce qui surtout le tracasse, c'est ce que lui vaudra l'offrande [3]. Soudain il hurle : « Barrabas ! » Un crieur proclamant son ban n'eût pas braillé comme il le fit. Et tous ceux qui l'ont entendu battent leur coulpe et crient pardon. Ah ! Dieu qui jamais ne mentit ! il les menait en bon chemin. Le prêtre qui, sans s'arrêter, lisait le texte du psautier se remit alors à hurler et dit : « *Crucifige eum*[4] ! » A ces mots, tous, hommes et femmes, ensemble demandent à Dieu de les préserver de l'enfer. Mais le clerc trouvait le temps long et dit au prêtre : « *Fac finis.* » L'autre répond : « *Non fac*, ami, *usque ad mirabilia*[5]. » Le clerc aussitôt répliqua que longue Passion ne vaut rien et qu'il n'est guère profitable de retenir longtemps les gens. Et quand le prêtre eut son argent, il mit un terme à la Passion.

Je veux montrer par cette histoire — et je prends saint Paul à témoin — qu'un nigaud dit tout aussi bien des bourdes et des balivernes qu'un autre des choses sensées. Ne pas m'en croire, c'est folie.

(MR, V, 118.)

1. Au cours de la semaine qui précède Pâques, la liturgie catholique comprend la lecture du long récit des souffrances et de la mort du Christ, emprunté aux évangélistes (*Passion selon saint Matthieu* le dimanche des Rameaux; *Passion selon saint Marc* le mardi; *Passion selon saint Luc* le mercredi; enfin, le jour du Vendredi saint, *Passion selon saint Jean*). Le prêtre feuillette son missel au-delà du texte des offices de la semaine pascale et va ainsi jusqu'à l'office de l'Ascension (quarante jours après Pâques).

2. Le *Dixit Dominus* est le premier psaume des vêpres du dimanche.

3. Au cours d'une messe solennelle, après la lecture de l'évangile, les fidèles défilaient devant l'autel et déposaient tour à tour leur obole sur un plateau. A l'offrande en argent s'ajoutait souvent celle du pain et du vin.

4. Il n'a pu retrouver la page qu'il cherchait, mais des bribes de l'évangile du jour lui reviennent en mémoire. Pilate proposant aux juifs de libérer Jésus-Christ, ceux-ci s'écrient : « Pas lui, mais Barrabas »; or, dit l'évangéliste, « Barrabas était un brigand ». *Crucifige eum* (crucifie-le) est le cri que poussent les grands prêtres, les gardes et le peuple des juifs quand Pilate

leur présente le Christ couronné d'épines en disant : *Ecce homo* (voici l'homme).

5. Le dialogue entre le curé et son clergeon est d'un latin très fantaisiste, ce qui ajoute un élément comique au récit. Entendons *fac finis* par «termine, mets-y une fin»; et *non fac usque ad mirabilia* par «je ne le ferai pas avant d'arriver aux miracles» : sans doute voudrait-il aller jusqu'au récit des prodiges qui, selon les évangélistes, accompagnèrent la mort du Christ; mais il plaisante, puisqu'il n'a pas sous les yeux le texte de l'évangile du jour.

Le Prêtre qui mangea les mûres

par GARIN

Qu'on en ait colère ou dépit, je veux, sans prendre
de répit, vous dire l'histoire d'un prêtre comme Garin
nous la raconte. Il voulait aller au marché ; il fit donc
seller sa jument qui était grande et bien nourrie et qu'il
avait depuis deux ans. Elle n'avait ni soif ni faim, ne
manquant de son ni d'avoine. Le prêtre à partir se
prépare, se met en selle et se dirige vers le marché sur
sa monture. Je me rappelle la saison : je sais que c'était
en septembre où les mûres sont à foison. Le prêtre va,
disant ses heures, ses matines et ses vigiles. Mais
presque à l'entrée de la ville, à distance d'un jet de
fronde, il y avait un chemin creux. Jetant les yeux sur
un buisson, il y voit quantité de mûres et se dit alors
que jamais il n'en rencontra d'aussi belles. Il en a
grand-faim, grand désir ; il fait ralentir sa jument et
puis l'arrête tout à fait. Mais il redoute les épines et les
mûres les plus tentantes se trouvent en haut du
buisson : il ne peut les atteindre assis. Aussitôt le
prêtre se hisse ; sur la selle il monte à deux pieds et se
penchant sur le roncier il mange avec avidité les plus
belles qu'il a choisies ; et la jument ne bronche pas.
Quand il en eut assez mangé et qu'il se sentit rassasié,
sans bouger il baissa les yeux et vit la jument qui restait
immobile auprès du buisson. Debout, les deux pieds

sur la selle, le prêtre s'en réjouit fort. « Dieu, fait-il, si l'on disait hue ! » Il le pense et en même temps il le dit : la jument surprise fait un bond soudain et le prêtre va culbuter dans le buisson. Il est si bien pris dans les ronces que, pour cent onces d'argent fin, il ne saurait s'en dégager. La jument va, traînant les rênes, la selle tournée de travers et court à la maison du prêtre. Quand les serviteurs la revoient, on se désole, on se lamente. La femme du prêtre se pâme, croyant son mari déjà mort. Dans la maison, quel désespoir ! Ils vont courant vers le marché ; ils ont tant cherché, tant marché qu'ils arrivent près du buisson où le prêtre était en détresse. Les entendant se désoler, il se met alors à crier : « Eh bien ! eh bien ! où allez-vous ? Je suis là tout endolori, accablé, perclus, défaillant ; je suis en bien triste posture, lardé de ronces et d'épines ! » Et ses gens de lui demander : « Sire, qui vous a hissé là ? — Malheur ! fait-il, je suis tombé. Je passais, hélas, par ici et cheminais disant mes heures. Je fus si tenté par les mûres qu'à aucun prix je ne voulus aller plus loin sans en manger. Par hasard il est arrivé que le roncier m'a accroché. Aidez-moi à sortir d'ici ; car je ne désire autre chose que de trouver la guérison et d'être en paix dans ma maison. »

Le fabliau peut nous apprendre que celui-là n'est pas bien sage qui raconte tout ce qu'il pense. Grand dommage en ont, et grand-honte, beaucoup de gens, cela est vrai. Ainsi advint-il au curé.

(MR, IV, 92 ; Jean Rychner, *Contribution à l'étude des fabliaux,* II, 149-151.)

La Vieille qui oint
la paume au chevalier

Je voudrais vous conter l'histoire d'une vieille pour vous réjouir. Elle avait deux vaches, ai-je lu. Un jour, ces vaches s'échappèrent ; le prévôt, les ayant trouvées, les fait mener dans sa maison. Quand la bonne femme l'apprend, elle s'en va sans plus attendre pour le prier de les lui rendre. Mais ses prières restent vaines, car le prévôt félon se moque de ce qu'elle peut raconter. « Par ma foi, dit-il, belle vieille, payez-moi d'abord votre écot de beaux deniers moisis en pot. » La bonne femme s'en retourne, triste et marrie, la tête basse. Rencontrant Hersant sa voisine, elle lui confie ses ennuis. Hersant lui nomme un chevalier : il faut qu'elle aille le trouver, qu'elle lui parle poliment, qu'elle soit raisonnable et sage ; si elle lui graisse la paume, elle sera quitte et pourra ravoir ses vaches sans amende. La vieille n'entend pas malice ; elle prend un morceau de lard, va tout droit chez le chevalier. Il était devant sa maison et tenait les mains sur ses reins. La vieille arrive par-derrière, de son lard lui frotte la paume. Quand il sent sa paume graissée, il jette les yeux sur la femme : « Bonne vieille, que fais-tu là ?
— Pour Dieu, sire, pardonnez-moi. On m'a dit d'aller vous trouver afin de vous graisser la paume : ainsi je pourrais être quitte et récupérer mes deux vaches. —

Celle qui t'a dit de le faire entendait la chose autrement ; cependant tu n'y perdras rien. Je te ferai rendre tes vaches et tu auras l'herbe d'un pré. »

L'histoire que j'ai racontée vise les riches haut placés qui sont menteurs et déloyaux. Tout ce qu'ils savent, ce qu'ils disent, ils le vendent au plus offrant. Ils se moquent de la justice ; rapiner est leur seul souci. Au pauvre on fait droit mais s'il donne.

(MR, V, 127.)

Brifaut

L'idée m'est venue de conter l'histoire d'un riche vilain qui n'était pas des plus malins et qui fréquentait les marchés à Arras et à Abbeville. Voulez-vous l'ouïr ? La voici. Mais je veux qu'on m'écoute bien.

Ce vilain s'appelait Brifaut. Un jour, s'en allant à la foire, il avait chargé ses épaules de dix aunes de bonne toile qui, devant, lui battait l'orteil et qui traînait sur ses talons. Un larron le suivait de près, qui médita un mauvais tour : il passe un fil dans une aiguille, soulève la toile de terre, la serre contre sa poitrine et la coud sur lui à sa cotte. Alors il se frotte au vilain qui s'est engagé dans la foule ; tant il le tire et tant le pousse que l'autre choit de tout son long et que la toile tombe à terre : le larron vite l'escamote et va se perdre dans la presse. Lorsque Brifaut voit ses mains vides, il est transporté de colère et se met à pousser des cris : « Dieu ! ma toile, je l'ai perdue ! Dame sainte Marie, à l'aide ! Qui a ma toile ? Qui l'a vue ? » Le larron se cache un moment, ayant mis la toile à son cou ; il a le front de revenir et se plante devant Brifaut : « Qu'as-tu à réclamer, vilain ? — Sire, ce n'est pas sans raison, car je viens d'apporter ici une grande pièce de toile ; cette toile, je l'ai perdue. — Que n'as-tu pris soin de la coudre à ta cotte, comme la mienne ? Il t'aurait été

épargné de la faire choir dans la rue. » Il s'en va, laisse
le vilain : maintenant la toile est à lui. Brifaut dit adieu
à son bien qu'il a sottement laissé prendre.

Quand Brifaut est rentré chez lui, sa femme aussitôt
le questionne et lui demande de l'argent : « Sœur, fait-
il, va dans le grenier. Tu prendras du blé pour le
vendre si tu veux avoir des deniers, car je ne t'en
apporte goutte. — Qu'aujourd'hui, dit-elle, Brifaut,
pleuve sur toi la male goutte ! — Sœur, tu peux me
prier encore ; tu me feras plus grande honte. — Eh
bien, par la croix du Sauveur, qu'est-il advenu de la
toile ? — Hélas ! dit-il, je l'ai perdue. — Tu viens de
me dire un mensonge ; que la mort subite te frappe !
Brifaut, tu l'as bien brifaudée[1]. Que ne fût ta langue
échaudée, et ta gorge par où passèrent les bons
morceaux payés si cher ! Tu devrais être mis en pièces.
— Que la mort m'emporte, ma sœur, et que le
Seigneur me honnisse si ce que je dis n'est pas vrai ! »

La mort en effet l'emporta ; sa femme en eut bien pis
encore, car elle enragea toute vive et la malheureuse
vécut dans le chagrin et la fureur. Ainsi bien des gens
par dépit meurent de honte et de douleur. Telle est la
fin de notre conte.

(MR, IV, 103 ;
R.C. Johnston et D.D.R. Owen,
Fabliaux selected.)

1. Jeu de mots. *Brifauder,* c'était manger goulûment. La
femme de Brifaut s'imagine qu'il a mangé et bu l'argent après
la vente de la toile.

Les Deux Bourgeois et le vilain

J'ai ouï conter qu'un vilain, en compagnie de deux bourgeois, s'en allait en pèlerinage : ils faisaient dépense commune. Ils n'étaient pas loin du lieu saint quand l'argent vint à leur manquer. Il leur restait de la farine, tout juste de quoi faire un pain. Les bourgeois s'en vont à l'écart, comme deux larrons qui complotent : « Ce paysan n'est qu'une bête ; trouvons moyen de l'engeigner. » Une idée leur vient, ils se disent : « Faisons le pain, mettons-le cuire ; là-dessus nous irons dormir. Celui-là seul le mangera qui fera pendant son sommeil le rêve le plus étonnant. »

Le vilain sans bouger attend que les bourgeois soient endormis. Il se lève, court au foyer, tire le pain, tout chaud le mange et s'en va aussitôt s'étendre. A son tour un bourgeois se lève et réveille son compagnon. « J'ai fait, dit-il, un bien beau rêve qui m'a mis le cœur tout en joie. Saint Gabriel et saint Michel ont ouvert la porte du ciel ; ils m'ont emporté sur leurs ailes et j'ai vu la face de Dieu. — Tu as de la chance, dit l'autre. Mon rêve fut bien différent ; il m'a semblé voir deux démons qui m'ont entraîné en enfer. » Notre vilain les entendait et faisait semblant de dormir. Les bourgeois, pensant le duper, l'appelèrent pour l'éveiller. Feignant la surprise d'un homme qu'on tire d'un profond sommeil, encore ahuri par les songes, il leur demanda aussitôt : « Qu'y a-t-il, et qui m'a fait peur ? — Nous sommes vos deux compagnons, vous le savez bien, levez-vous ! — Seriez-vous déjà de retour ? — De retour ? de retour ? nigaud ! mais nous n'avons jamais bougé. — Je veux bien vous croire ; pourtant voici le rêve que j'ai fait : saint Gabriel et saint Michel ont ouvert les portes du ciel et ont emporté l'un de vous pour le conduire devant Dieu ; des diables ont entraîné l'autre dans l'éternel feu de l'enfer. Je pensais vous avoir perdus et ne plus jamais vous revoir. Je me levai, mangeai le pain ; j'avoue n'en avoir rien laissé. »

Ainsi fit bien le paysan. On doit avoir, par Dieu le grand, la punition que l'on mérite ; et qui tout convoite, tout perd.

(Barbazan,
Le Castoiement du père à son fils[1].)

1. Adaptation versifiée de la *Disciplina clericalis* du juif converti Pierre Alphonse, *Le Castoiement* (avertissement, instruction) *du père à son fils* contient, à titre d'exemples, un certain nombre de contes plaisants qui sont de véritables fabliaux.

Le Larron qui embrassa
un rayon de lune

J'ai ouï conter qu'un larron vint rôder près d'une maison où habitait un homme riche. Il cherchait moyen de voler. Il grimpa vite sur le toit[1] et prêtant l'oreille écouta si quelqu'un au logis veillait, ce qui l'eût alors obligé à renoncer à son projet. Mais le maître de la maison aperçut fort bien le larron et se promit de l'engeigner. Il parla tout bas à sa femme : « Demande, dit-il, à voix haute — peu m'importe si l'on entend — d'où m'est venue cette richesse qui me fait mener si grand train. » Elle fit comme il le voulait, à haute voix lui demanda : « Sire, pour Dieu, contez-moi donc comment vous avez amassé votre richesse, votre avoir, jamais je n'ai pu le savoir, et jamais je n'ai vu marchand ni prêtre ayant pu gagner tant. » Il répondit : « Vous avez tort de me poser cette question ; usez à votre volonté de ce que Dieu nous a prêté. » Mais elle le pressa plus fort pour obtenir une réponse. Il se faisait prier encore ; il fit mine enfin de céder et se mit à lui raconter comme il s'était enrichi. « Je fus jadis, dit-il, larron : c'est de là que vient ma fortune. — Comment ! vous avez pu voler sans jamais être incriminé ? — Je tenais, dit-il, de mon maître un charme qu'il prisait beaucoup. Je disais ce charme sept fois, j'embrassais un rayon de lune et descendais dans la maison où je dérobais à mon gré. Et quand je voulais déguerpir, je répétais sept fois le charme, j'embrassais le rayon de lune, j'y montais comme à une échelle. — Enseignez-moi, répliqua-t-elle, comment vous usiez de ce charme. — Quand j'avais dit sept fois *Saül*, je pouvais alors à mon aise, porté par un rayon de lune, pénétrer dans une maison sans éveiller grands ni petits. » Sa femme ajouta : « Par saint Maur, ce charme vaut un vrai trésor. Si quelque ami, quelque parent, ne peut prospérer autrement, je lui enseignerai ce charme et le ferai riche et puissant. » Le prudhomme alors la pria de se taire et de s'endormir : ayant, dit-il, longtemps veillé, il avait besoin de sommeil ; elle le laissa en repos, et il commença à ronfler.

Le larron, l'ayant entendu, pensa qu'il était endormi. Il gardait mémoire du charme. Il le répéta bien sept fois, embrassa un rayon de lune, y noua ses bras et ses jambes, et dégringola sur le sol : il se brisa cuisse et bras droits ; le rayon l'avait mal porté. L'homme, feignant de s'éveiller et d'être effrayé par le bruit, demanda, en criant bien fort, qui pouvait faire un tel tapage. « Je suis, lui dit l'autre, un larron ; j'eus tort d'écouter vos propos. Le charme m'a si bien porté que je suis meurtri et brisé. » On appréhende le larron ; vite on le livre à la justice : il est promis à la potence.

(Barbazan,
Le Castoiement du père à son fils.)

---

1. Cette histoire est vraisemblablement d'origine orientale. Le «toit» sur lequel grimpe le larron est sans doute une terrasse, donnant sur une cour intérieure.

Les Putains et les jongleurs

Lorsque Dieu eut créé le monde tel qu'on peut le voir à la ronde, avec tout ce qu'il mit dedans, il fonda trois classes de gens : les nobles, les clercs, les vilains. Les chevaliers eurent les terres ; quant aux clercs, il leur octroya le fruit des dîmes et des quêtes ; le travail fut le lot des autres. La chose faite, il s'en alla.

Sur son chemin il aperçoit une bande de chenapans : des ribaudes et des jongleurs. Il ne va pas loin, ils l'accostent et se mettent tous à crier : « Restez là, sire, parlez-nous. Ne partez pas ; où allez-vous ? Nous n'avons rien eu en partage quand vous avez doté les autres. » Notre-Seigneur les regarda et, les entendant, demanda à saint Pierre qui le suivait quels pouvaient être ces gens-là. « Ce sont des gens faits par mégarde, que vous avez pourtant créés comme ceux qui ont foi en vous. S'ils vous hèlent, c'est qu'ils voudraient avoir leur part à vos largesses. » Notre-Seigneur, au même instant et sans faire d'autre réponse, vint aux chevaliers et leur dit : « A vous qui possédez les terres je baille et donne les jongleurs. Vous devez en prendre grand soin et les retenir près de vous. Ne les laissez manquer de rien ; accédez à tous leurs désirs. Tenez bien compte de mes ordres. A vous maintenant, seigneurs clercs, je donne à garder les putains. » Depuis, les clercs se gardent bien de désobéir au Seigneur : ils n'ont d'yeux que pour les ribaudes et les traitent du mieux qu'ils peuvent.

Comme ce fabliau le montre, si vous l'avez bien entendu, les chevaliers vont à leur perte quand ils méprisent les jongleurs, leur refusent le nécessaire et les laissent aller pieds nus. Les putains ont chaudes pelisses, doubles manteaux, doubles surcots ; les jongleurs ne reçoivent guère de tels cadeaux des chevaliers. Ils ont beau savoir bien parler ; ils n'ont droit qu'à de vieilles nippes ; on leur jette comme à des chiens quelques bouchées des bons morceaux. Mais en revanche les putains changent de robes tous les jours ; elles couchent avec les clercs qui subviennent à leurs besoins. Ainsi les clercs font leur salut. Quant aux chevaliers, ce sont pingres qui ne donnent rien aux jongleurs, oubliant les ordres de Dieu. Les clercs en usent autrement, pour les putains ont la main large et se plient à tous leurs caprices. Pour elles, voyez-les à l'œuvre : ils dépensent leur patrimoine et les richesses de l'Eglise ; en leurs mains est bien employé l'argent des rentes et des dîmes.

Donc, si mon fabliau dit vrai, Dieu veut que les clercs soient sauvés, que les chevaliers soient damnés.

(MR, III, 76.)

Le Vilain qui conquit le paradis
en plaidant

J'ai lu dans un écrit l'histoire d'un vilain auquel arriva une merveilleuse aventure. — Il meurt un vendredi matin. Par hasard, ni ange ni diable ne vient à lui quand il expire : l'âme qui s'envole ne trouve personne pour l'interroger ni personne pour la guider. La voilà fort intimidée. Regardant vers le ciel à droite, elle voit l'ange saint Michel qui porte une âme à grande joie ; elle le rejoint et le suit et, quand il entre au paradis, derrière lui franchit le seuil. Saint Pierre, le gardien des clefs, reçoit l'âme que l'ange porte et puis, revenant vers la porte, il voit l'autre qui seule était. Il lui dit : « Qui donc te conduit ? Ici ne sont pas hébergés ceux qui n'ont pas été jugés et qui plus est, par saint Guilain, nous n'avons cure de vilain ; vilain n'a rien à faire ici ! — Plus vilain que vous n'y peut être, répond l'âme, beau sire Pierre. Vous fûtes plus dur que la pierre. Il rêvait, par le saint pater, celui qui vous prit pour apôtre : il n'en reçut guère d'honneur. Quand on trahit Notre-Seigneur, bien petite fut votre foi ; vous l'avez renié trois fois, jurant n'être pas de sa suite. De ce lieu vous êtes indigne ; vous n'en devez avoir les clefs. Tu n'as ni sens ni loyauté. Moi je suis homme honnête et franc : j'ai bien droit de rester ici[1]. »

Saint Pierre en a étrange honte. Il s'éloigne, honteux, le nez bas et s'en va trouver saint Thomas pour lui confesser son ennui. Saint Thomas dit : « J'irai le voir, il sortira, à Dieu ne plaise ! » Il s'en prend à l'âme aussitôt : « Vilain, vilain, lui dit l'apôtre, la maison n'appartient qu'à nous. Où as-tu acquis des mérites ? Etais-tu martyr, confesseur ? Et tu veux t'installer ici ! Un vilain n'y doit pas loger ; on n'y reçoit que gens courtois. — Thomas, Thomas, vous êtes vain de répondre comme un légiste. C'est bien vous qui avez juré aux apôtres, chacun le sait, lorsqu'ils eurent revu Jésus après sa résurrection que jamais vous ne les croiriez si vous ne pouviez voir les plaies que reçut en croix votre maître. Vous avez mauvaise nature : vous fûtes faux et mécréant[2]. »

Saint Thomas reste déconfit du reproche et, baissant la tête, il va tout droit trouver saint Paul pour lui conter son infortune. Saint Paul dit : « J'irai, par mon chef ! je verrai ce qu'il répondra. » Mais l'âme ne s'en soucie guère et flâne dans le paradis. « Vilain, fait-il, qui vous conduit ? Comment avez-vous mérité que la porte vous soit ouverte ? Videz le paradis, vilain ! — Quoi, fait l'âme, dom Paul le chauve[3]. Vous êtes bien mal embouché. Vous fûtes un affreux tyran ; il n'en sera jamais de pire. Saint Etienne l'a payé cher, lui que vous fîtes lapider. Je peux raconter votre vie : vous méprisiez la loi de Dieu. En quelque pays que vous alliez, on décimait les saintes gens. A la fin Dieu vous allongea une gifle à s'enfler la main ; du marché conclu dans la paume, vous devez encore le vin. Vous êtes un drôle de saint ! Je vous connais, sachez-le bien. »

Saint Paul en a peine et angoisse ; confus, il tourne les talons et va retrouver saint Thomas qui prenait conseil de saint Pierre. Il vient lui glisser à l'oreille

comment le vilain l'a maté : « Moi, je trouve qu'il a
gagné le paradis, je le lui donne. » Tous trois s'en
remettent à Dieu. Saint Pierre bonnement raconte
comment le vilain lui fit honte : « Ses propos nous ont
confondus ; quant à moi je m'avoue vaincu. » Notre-
Seigneur répond : « J'irai lui parler et je verrai bien ce
qu'il pourra me répliquer. » Il va voir l'âme et lui
demande pourquoi, sans qu'on le lui permît, elle est
entrée au paradis : « En ce lieu jamais n'entre une âme,
sans permission, d'homme ou de femme. Et tu penses
rester ici ! — Seigneur, j'ai le droit d'y rester tout
comme eux, si je juge bien. Jamais je ne vous ai renié,
jamais je n'ai tué de saint homme. Eux ont commis de
grands péchés jadis quand ils étaient en vie. Et les voilà
en paradis ! Tant que je vécus sur la terre, j'ai mené vie
nette et sans taches. Les pauvres ont mangé mon pain,
à leur gré, et soir et matin. J'hébergeais tous les
miséreux et les réchauffais à mon feu. J'en ai gardé
jusqu'à leur mort, puis je les portais à l'église. Je leur
donnais braies et chemises quand ils se trouvaient
dépouillés. Voyant que la mort était proche, je fis
confession sincère, dignement reçus votre corps. On
m'a souvent dit au sermon que Dieu pardonne leurs
péchés aux hommes qui meurent ainsi. Je suis ici,
pourquoi sortir ? Je ne veux pas vous contredire : vous
avez octroyé sans faute qu'entré au ciel on n'en sort
pas. Et pour moi vous iriez mentir ! — Mon ami, dit
Dieu, je t'accorde le paradis ; tu as plaidé et tu as su
gagner ta cause : tu as l'art d'user de ta langue[4]. »

L'exemple du vilain nous montre que beaucoup sont
mis aux écoles sans en être plus avisés. L'étude vainc
moins que nature ; la rouerie prime la droiture. Le tort
va malmenant le droit. Mieux vaut ruse que ne fait
force.

(MR, III, 81 ; Jean Rychner, II, 179-183.)

1. On connaît l'épisode célèbre, relaté par les quatre évangélistes, des trois reniements de Pierre après l'arrestation de Jésus.

2. «Thomas, l'un des Douze, appelé Didyme, n'était pas avec eux quand vint Jésus. Les disciples lui dirent : "Nous avons vu le Seigneur!" Il leur répondit : "Si je ne vois à ses mains la marque des clous, si je n'y mets le doigt et si je ne mets la main dans son côté, je ne croirai pas." Huit jours plus tard, les disciples se trouvaient à nouveau dans la maison et Thomas avec eux. Jésus vint, toutes portes closes, et se tint au milieu d'eux. "Que la paix soit avec vous!" dit-il. Puis il dit à Thomas : "Mets ton doigt ici ; avance ta main et mets-la dans mon côté. Ne sois plus incrédule, mais croyant"» (Évangile selon saint Jean).

3. Dès le IVe siècle, saint Paul a été représenté avec une tête chauve. Seuls (Louis Réau, *Iconographie des saints*, P.U.F., 1958), Raphaël et Lesueur l'ont doté d'une abondante chevelure. — Selon les Actes des apôtres, Saül (Paul), avant d'être renversé sur le chemin de Damas et de se convertir, «ne respirait que menaces et carnage à l'égard des disciples du Seigneur»; persécuteur de l'Église naissante, il «allait de maison en maison, et en arrachait hommes et femmes pour les jeter en prison». Il aurait assisté, sinon participé, à la lapidation de saint Étienne, en gardant les vêtements des bourreaux.

4. Un autre fabliau dont l'action se déroule au Ciel est *La Cour de paradis*, que les doctes ont exclu du «canon» parce que la Vierge y trouve place. En réalité, c'est un conte à rire, assez irrévérencieux, plutôt qu'un conte dévot. Dieu décide de tenir cour plénière le jour de la Toussaint et charge saint Simon d'aller convoquer tous les habitants du Ciel. Une clochette à la main dont il sonne trois coups pour annoncer son arrivée, il va trouver tour à tour «par chambres et par réfectoires» les anges, les patriarches, les apôtres, les vierges, les veuves «toutes mignotes et jolies et pleines de grande beauté», sans oublier les saints Innocents «qu'il voit à milliers et à cents». Tous les invités arrivent : les anges «viennent parmi l'air volant, de leurs ailes s'entrecolant»; saints et saintes chemi-

nent en chantant «main à main». Et la fête commence : les quatre évangélistes font «esbaudir» la cour céleste en jouant du cor. Chacun y va de sa chanson : mais les refrains en sont inattendus : «Je vis d'amour en grande espérance... Tout ainsi va qui d'amour vit et qui bien aime... Joyeusement m'en vais à mon ami.» La Vierge elle-même, qui retrousse «les pans de sa vêture», appelle la Madeleine et chante avec elle : «Que ceux qui sont enamourés viennent danser, les autres non» (Barbazan, 1756, I, p. 200-232).

Saint Pierre et le jongleur

Qui se flatte de bien conter sait trouver les mots qui sont justes ; on ne saurait s'en étonner.

Il y avait jadis à Sens un pauvre diable de jongleur ; quel était son nom je l'ignore. Comme il se faisait tondre au jeu, il allait souvent sans sa vielle, sans chausses même ni cottelle : aussi, lorsque soufflait la bise, il grelottait dans sa chemise. Ne croyez pas que je vous mente ; on le voyait souvent pieds nus ; avait-il parfois des souliers, ils étaient fendus et troués. Telle était sa pauvre défroque. Il aimait les dés, la taverne, le bordel et la puterie : c'est là qu'il gaspillait son gain. Chapeau de feuilles sur la tête[1], il souhaitait que tous les jours fussent pour lui des jours de fête ; le dimanche avait ses faveurs. Au reste, ennemi des querelles, c'était le meilleur fils du monde. Ainsi menait-il folle vie, sans cesse en état de péché.

Mais, au terme de ses années, vint pour lui l'heure du trépas. Les diables sont toujours en quête d'âmes à surprendre et happer. Resté un mois hors de l'enfer, l'un d'eux demeurait les mains vides. Dès qu'il vit le jongleur mourir, il courut pour cueillir son âme, sachant qu'il était mort pécheur : on ne la lui disputa pas. Il la jeta sur ses épaules et prit le chemin de l'enfer. Ses compagnons, dans leurs tournées, avaient fait de belles trouvailles : ceux-ci apportent des champions, d'autres des prêtres, des larrons, d'autres des évêques, des moines, des chevaliers, tous attrapés en état de péché mortel. Ils s'en vont ensemble en enfer trouver leur maître Lucifer. Les voyant venir si chargés : « Soyez les bienvenus, ma foi. Vous n'avez pas chômé, je crois. Ces gens-là seront mal logés. » On les jeta dans la chaudière. « Seigneurs, leur dit-il, il me semble, si mes yeux ne me trompent pas, que vous n'êtes pas tous venus. — Nous sommes tous là, sauf un seul, un imbécile, un malheureux, qui ne sait pas tendre de pièges, qui ne sait pas gagner les âmes. » C'est alors qu'arrive le diable, portant sur son dos le jongleur à demi nu dans ses haillons ; bientôt, il met bas son fardeau. Lucifer demande au jongleur : « Vassal, qu'étais-tu sur la terre ? Un ribaud, un traître, un larron ? » L'autre : « Nenni, j'étais jongleur. Je porte avec moi la fortune que j'eus au monde en mon vivant. Mon corps a souffert la froidure ; j'ai ouï des paroles dures. Puisque je suis ici logé, je chanterai si vous voulez. — De tes chansons je n'ai que faire, il te faut changer de métier ; mais puisque je te vois si nu, si misérablement vêtu, fais donc le feu sous la chaudière. » Il va s'asseoir près du foyer, de son mieux entretient le feu et se chauffe tout à loisir.

Il advint un jour que les diables s'assemblèrent au grand complet avant d'aller, hors de l'enfer, chasser les âmes sur la terre. Lucifer héla le jongleur qui veillait au feu nuit et jour : « Jongleur, dit-il, écoute-moi. Je te confie toutes mes âmes. Tu m'en répondras sur tes yeux ; je te les crèverais tous deux et je te pendrais par la gueule si tu m'en perdais une seule. — Sire, fait l'autre, allez-vous-en. Je serai un gardien fidèle : je m'y emploierai de mon mieux et vous rendrai toutes vos âmes. — Eh bien, tu en es responsable ! Mais n'oublie pas ce que je te dis : si tu manquais à ta

parole, je te dévorerais tout vif. En revanche, dès mon
retour, je te ferai rôtir un moine à la sauce d'un usurier
ou à la sauce d'un marlou. » Alors ils s'en vont et lui
reste, attisant le feu tant qu'il peut.

Ecoutez ce qui arriva au jongleur resté près du feu et
quel tour lui joua saint Pierre. Tout seul, l'apôtre entre
en enfer : moustaches tressées, barbe noire. Avec un
brelan et trois dés, il va s'asseoir tranquillement près
du jongleur : « Ami, dit-il, voudrais-tu jouer avec
moi ? Vois le beau brelan que j'apporte pour qu'on y
essaie quelques coups. Mes trois dés ne sont pas pipés.
Tu pourrais fort bien me gagner gentiment de beaux
esterlins. » Ce disant, il montre sa bourse. « Sire,
lui répond le jongleur, je vous jure, en toute franchise,
que je n'ai rien, sauf ma chemise. Au nom de Dieu,
allez-vous-en, car je n'ai pas du tout d'argent. » Saint
Pierre dit : « Beau doux ami, mets comme enjeu cinq
ou six âmes. — Je n'oserais, repartit l'autre, car si j'en
perdais une seule, mon maître me rouerait de coups
avant de me croquer tout vif. — Qui le lui dira ? fait
saint Pierre. Il n'est pas à vingt âmes près. Vois-tu ces
pièces d'argent fin ? Gagne-moi donc ces esterlins : ils
sont tout neufs, tu peux m'en croire. Voilà vingt sous
de mise au jeu ; toi, mets des âmes pour autant. »
L'autre, à la vue des esterlins, ne se tient plus de
convoitise ; il prend les dés, il les manie et sans détours
dit à saint Pierre : « Jouons donc, je tente ma chance,
une âme au coup, mais rien de plus. — C'est vraiment
trop peu, mets-en deux, et le gagnant relance [2] d'une,
à volonté ou blanche ou brune. — C'est entendu, dit le
jongleur. — Je relance, reprend saint Pierre. — Avant
le coup, fait l'autre, diable ! Mettez donc l'argent sur la
table. — Bien volontiers, au nom de Dieu. Je mets mes
esterlins en jeu. » Et les voilà assis tous deux, saint
Pierre et lui, devant le feu.

« Pour jeter les dés, dit l'apôtre, tu me sembles

adroit de tes mains. » Ils jouent. « Huit, annonce saint
Pierre. Mais si ton coup est de six points, c'est trois
âmes que tu devras. » Le jongleur a trois, deux et as.
« Tu as perdu, lui dit saint Pierre. — Oui, j'ai perdu,
par saint Denis. Eh bien, que ces trois vaillent six. »
L'apôtre joue et gagne encore. « Tu me dois neuf. —
Le compte est juste. Si je relance, tiendrez-vous ? —
Certainement, répond saint Pierre. — Je dois neuf, ce
coup vaudra douze. Jetez vos dés, dit le jongleur. —
Volontiers, et c'est fait : regarde ; je vois ici le coup de
six : tu me dois donc vingt et une âmes. — Par la tête
Dieu, telle chose ne m'arriva jamais au jeu. Par la foi
que vous me devez, jouez-vous avec quatre dés ou vos
dés seraient-ils pipés ? Je veux jouer à quitte ou double.
— Mon ami, par le Saint-Esprit, ce sera comme tu
voudras. En un coup, dis-moi, ou en deux ? — En un
seul ; et ce sera pour vingt et un et quarante-deux. —
Que Dieu m'aide ! » pense saint Pierre. Les dés
tombent sur le brelan. « Ton coup ne vaut pas un
merlan, dit l'apôtre, tu as perdu, car je vois cinq points
en trois dés ; la chance aujourd'hui me sourit. Tu me
dois quarante-deux âmes. — Vraiment, par le cœur
bieu [3], dit l'autre, je n'ai jamais vu un tel jeu ; par
tous les saints qui sont à Rome, vous me trompez à
chaque coup. — Mais jouez donc ! Etes-vous fou ? —
Je vous prends pour un franc larron ; vous ne pouvez
vous empêcher de truquer ou tourner les dés. » Saint
Pierre est furieux de l'entendre : « Que Dieu me
sauve ! vous mentez ; c'est bien l'usage des ribauds de
dire qu'on change les dés quand le jeu n'est pas à leur
gré. Malheur à celui qui m'accuse et maudit soit qui
veut tricher. Si tu me prends pour un larron, c'est que
tu n'as plus ta raison. J'ai grande envie, par saint
Marcel, de te caresser le museau. — Mais oui, larron,
sire vieillard ! car vous avez triché au jeu. Vous ne
pourrez rien y gagner. Venez donc prendre votre

mise ! » Il bondit sur les esterlins ; mais saint Pierre, sans plus attendre, saisit par les flancs le jongleur qui, à regret, lâche l'argent, empoigne la barbe de l'autre et la tire à lui tant qu'il peut ; saint Pierre à son tour lui arrache sa chemise jusqu'à la taille. Ils se sont entre-déchirés, bourrés de coups et écharpés ; mais le jongleur s'aperçoit bien que sa force ne lui vaut rien et que, s'il poursuit la bataille, il y laissera sa chemise. « Sire, dit-il, faisons la paix ; le pugilat a trop duré. Reprenons le jeu en amis, si vous êtes de cet avis. — Je vous en veux, répond saint Pierre, d'avoir mis en doute mon jeu, de m'avoir traité de voleur. — Sire, j'avais perdu la tête ; j'en ai regret, n'en doutez pas. Mais n'avez-vous pas fait bien pis en me déchirant ma chemise ? Soyons donc quittes, vous et moi. — Je vous l'accorde », dit l'apôtre. Là-dessus, les deux adversaires échangent le baiser de paix. « Ami jongleur, écoutez-moi : vous devez quarante-deux âmes. — Assurément, par saint Germain, je me mis au jeu trop matin. Reprenons les dés, voulez-vous, et nous allons jouer à trois coups. — Je suis tout prêt, mais, bel ami, allez-vous pouvoir me payer ? — Oui, et fort bien, n'en doutez pas, car vous aurez, à votre gré, chevaliers, dames ou chanoines, larrons, ou champions ou moines. Voulez-vous nobles ou vilains, voulez-vous prêtres, chapelains ? » L'apôtre perd au premier coup, mais d'un point gagne le dernier. « Voyez, dit l'autre, cette chance ! Hélas ! je n'ai jamais été qu'un mal loti, un malheureux, en enfer comme sur la terre [4]. »

Quand les âmes qui sont au feu apprennent que saint Pierre gagne, de tous côtés des voix s'élèvent : « Sire, par Dieu le glorieux, nous mettons en vous notre espoir. — Je suis à vous, répond l'apôtre. Pour vous tirer de ce tourment, j'ai mis au jeu tout mon argent ; s'il plaît à Dieu, avant la nuit, vous serez en ma

compagnie. — Finissons-en, dit le jongleur ; je serai
quitte ou je perdrai et mes âmes et ma chemise, et je ne
sais plus que vous dire. » Enfin saint Pierre a si bien
joué qu'il a gagné toutes les âmes : il les fait sortir de
l'enfer et les emmène en long cortège sur les chemins
du paradis. Le jongleur demeure ahuri, plein de colère
et de dépit.

Voilà les diables revenus. Quand il fut rentré,
Lucifer regarda tout autour de lui. Ni en fourneau, ni
en chaudière il ne vit âme en son logis. Il appelle alors
le jongleur : « Dis-moi, fait-il, où sont allées les âmes
que je t'ai laissées ? — Sire, vous allez le savoir. Pour
Dieu, ayez de moi pitié. Un vieillard vint à moi
naguère. Il me montra sa bourse pleine et je crus
pouvoir la vider. Nous avons donc joué, lui et moi ;
mais cette affaire a mal tourné, car il avait des dés
pipés, cet hypocrite, ce perfide, et j'ai perdu toutes vos
âmes. » Peu s'en faut, l'ayant entendu, que l'autre ne
le jette au feu. « Jongleur, dit-il, fils de putain ; ta
jonglerie me coûte cher. Maudit qui t'apporta ici ; par
mon chef, il me le paiera. » On va tout droit chercher
le diable qui avait trouvé le jongleur. Après l'avoir roué
de coups, ils exigent qu'il leur promette de n'apporter
jamais ribaud, marlou, jongleur ni joueur de dés. Ils
l'ont tant battu, tant rossé qu'il leur en donne l'assurance. Lucifer dit au ménestrel : « Bel ami, videz mon
hôtel. Je maudis votre jonglerie puisque j'ai perdu ma
maisnie. Videz les lieux, je vous l'ordonne ; de tels
serviteurs je n'ai cure. Que jongleurs aillent leur
chemin ! Dieu aime la joie, qu'il les garde ! Allez à
Dieu, et je m'en moque. » L'autre s'enfuit à grande
allure, puisque les diables l'ont chassé, et va tout droit
au paradis. Saint Pierre, le voyant venir, accourt pour
lui ouvrir la porte ; il lui donne un riche logis. Que
désormais jongleurs s'amusent, qu'ils fassent la fête à

leur gré. Il n'y a plus d'enfer pour eux ; il leur en a fermé la porte, le jongleur qui perdit aux dés.

(MR, V, 117 ;
Martha Walters-Gehrig,
Trois Fabliaux.)

1. Les jours de fête, avant de danser et de se divertir, on se tressait un «chapelet» de feuillage et de fleurs. Il est souvent fait allusion à cet usage ; cf. la chanson du jongleur Colin Muset :

> *Et quand j'oï le flaütel* [la flûte]
> *Soner avec le tabor* [tambour]
> *Damoiselles et donzel* [damoiseaux]
> *Chantent et font grant revel* [mènent grande joie]
> *Chascuns a* [avec] *chapel de flour...*

2. Relancer (terme de jeu), c'est proposer plus que l'adversaire, mettre un enjeu supérieur.
3. Forme atténuée de : par le cœur Dieu ; cf. corbleu (corps Dieu).
4. Il était nécessaire de faire quelques coupures et aménagements dans le long récit de la partie de dés.

Le Testament de l'âne[1]

par RUTEBEUF

Qui veut vivre estimé du monde et suivre l'exemple de ceux qui cherchent à faire fortune va rencontrer bien des ennuis. Les médisants ne manquent pas qui, pour un rien, lui cherchent noise, et il est entouré d'envieux. Si bon, si gracieux qu'il soit, s'il en est dix assis chez lui, il y aura six médisants et d'envieux, on en verra neuf. Ces gens-là, derrière son dos, ne le prisent pas plus qu'un œuf ; mais par-devant ils lui font fête, chacun l'approuvant de la tête. Si l'on ne reçoit rien de lui, comment ne pas le jalouser quand ceux qui mangent à sa table ne sont ni loyaux ni sincères ? Il ne peut en être autrement et c'est la pure vérité.

Je cite l'exemple d'un prêtre, curé d'une bonne paroisse, qui mettait son talent, son zèle à en tirer des revenus. Il avait de l'argent, des robes ; ses greniers regorgeaient de blé qu'il savait vendre au bon moment, attendant, si besoin était, de Pâques à la Saint-Rémi[2]. Et le meilleur de ses amis ne pouvait rien tirer de lui sinon par contrainte et par force. Il avait un âne au logis comme on n'en vit jamais de tel, qui le servit vingt ans entiers : rares sont pareils serviteurs ! Après l'avoir bien enrichi, la bête mourut de vieillesse ; mais par respect pour sa dépouille, il ne la fit pas écorcher et l'enterra au cimetière.

Passons à un autre sujet. L'évêque du diocèse était à l'opposé de son curé : ni avare, ni convoiteux, mais courtois et fort bien appris. Aurait-il été très malade que, voyant venir un ami, il n'aurait pu rester au lit. La compagnie de bons chrétiens pour lui valait les médecins. Tous les jours sa salle était pleine. On le servait de bonne grâce et quoi qu'il pût leur demander, jamais ses gens ne se plaignaient. Il était riche, mais de dettes, car qui trop dépense s'endette. Cet excellent prud'homme un jour avait nombreuse compagnie. On parla de ces riches clercs, de ces prêtres ladres et chiches qui n'honorent pas de leurs dons leur évêque ni leur seigneur. Notre curé fut mis en cause : il était riche, celui-là ! On raconta toute sa vie comme on l'aurait lue dans un livre et on lui prêta, c'est l'usage, trois fois plus qu'il ne possédait. « Encore a-t-il fait une chose qui pourrait lui coûter bien cher si quelqu'un la faisait connaître, dit l'un pour se faire valoir. — Et qu'a-t-il fait ? dit le prud'homme. — Il a fait pire qu'un Bédouin : il a mis en terre bénite le corps de son âne Baudouin. — Si la chose est vraie, dit l'évêque, honnis soient les jours de sa vie et que maudit soit son avoir ! Gautier, faites-le comparaître ; j'entendrai le curé répondre aux accusations de Robert. Et je dis, Dieu me vienne en aide, que si le fait est avéré, il devra m'en payer l'amende. — Sire, je veux bien qu'on me pende, si ce que je dis n'est pas vrai. »

Le prêtre, cité, se présente au tribunal de son évêque : il risque d'être suspendu. « Félon, traître, ennemi de Dieu, où donc avez-vous mis votre âne ? dit l'évêque. Vous avez fait grande offense à la Sainte Eglise, telle que jamais on n'en fit. Vous avez enterré votre âne au cimetière des chrétiens. Par sainte Marie l'Egyptienne [3], si j'ai des preuves de la chose, si j'ai témoins de bonne foi, je vous ferai mettre en prison. A-t-on jamais vu pareil crime ? » Le prêtre répond :

« Très doux sire, toute parole se peut dire. Je demande un jour de délai, car je voudrais prendre conseil en cette affaire, s'il vous plaît ; non que je désire un procès. — Je veux bien que vous consultiez, mais je ne vous tiendrai pas quitte si j'apprends que la chose est vraie. — Monseigneur, ce n'est pas croyable. » Là-dessus, l'évêque s'en va, et sans avoir envie de rire. Le prêtre, lui, ne s'émeut pas, car il a une bonne amie, il le sait très bien, c'est sa bourse qui, s'il faut payer une amende, ne lui fera jamais défaut.

La nuit passée, le terme arrive. Le prêtre revient chez l'évêque avec vingt livres dans sa bourse : argent comptant, de bon aloi ; il ne craint la soif ni la faim[4]. L'évêque, le voyant venir, s'empresse de l'interroger : « Curé, vous avez pris conseil ; et que nous en rapportez-vous ? — Monseigneur, j'ai bien réfléchi. Conseil peut aller sans querelle. Il ne faut pas vous étonner qu'on doive en conseil s'arranger. Je veux décharger ma conscience ; si j'ai mérité pénitence d'argent, de corps, punissez-moi. » L'évêque s'approche, voulant l'entendre de bouche à oreille, et le prêtre lève la tête : il ne tient plus à ses deniers ! Sous sa cape il a son argent, n'osant le montrer à personne. A voix basse il dit son affaire : « Sire, quelques mots suffi-ront. Mon âne a bien longtemps vécu ; j'avais en lui de bons écus. Il m'a servi sans rechigner loyalement vingt ans entiers. Que Dieu me pardonne mes fautes, chaque année il gagnait vingt sous si bien qu'il épargna vingt livres que, pour échapper à l'enfer, il vous laisse par testament. » Et l'évêque dit : « Que Dieu l'aime ; qu'il lui pardonne ses méfaits et les péchés qu'il a commis. »

Ainsi, vous l'avez entendu, l'évêque a su tirer profit de l'argent du riche curé ; il lui apprit en même temps à ne pas se montrer avare. Rutebeuf le dit et l'apprend : qui joint l'argent à son affaire ne doit pas douter du succès. L'âne Baudouin resta chrétien : mon récit vous a témoigné qu'il paya bel et bien son legs.

(MR, III, 82 ;
Edmond Faral et Julia Bastin,
Rutebeuf, Œuvres complètes.)

1. L'histoire se retrouve, à peu près identique, dans les *Cent Nouvelles nouvelles* (quatre-vingt-seizième nouvelle) ; mais il s'agit, non d'un âne, mais d'un chien. Un chien encore dans l'anecdote que rapporte d'Herbelot dans la *Bibliothèque orientale* (1697) : « Un certain homme avait un excellent chien qui chassait le jour et faisait bonne garde la nuit ; il ne quittait jamais son maître, aussi en était-il fort aimé... Ce chien venant à mourir, son maître fut fort inconsolable ; néanmoins, pour soulager un peu sa douleur, il l'enterra fort proprement dans son jardin et convia le soir ses amis à un banquet, pendant lequel il les entretint fort des louanges de cet animal, et ainsi finirent les obsèques. Le lendemain de ce festin, quelques gens mal intentionnés allèrent faire leur rapport au cadhi de tout ce qui s'était passé le soir, et ajoutèrent à la vérité du fait un détail de toutes les cérémonies funèbres des Turcs qu'ils disaient avoir été pratiquées dans l'enterrement du chien... Le cadhi parut fort scandalisé de cette action, et envoya aussitôt prendre l'accusé par ses sergents. Il lui fit d'abord de grands reproches et lui demanda s'il était de ces infidèles qui adoraient les chiens... Le maître du chien lui répondit : "L'histoire de mon chien serait trop longue à vous raconter ; mais ce que l'on ne vous a peut-être pas dit, c'est qu'il a fait testament, et, entre autres choses dont il a disposé, il vous a fait un legs de deux cents aspres que je vous apporte de sa part." Le cadhi, entendant parler d'argent, se tourna aussitôt vers ses sergents et leur dit : "Voyez comme les gens de bien sont exposés à l'envie, et quels discours on faisait de cet honnête homme." Puis, s'adressant au maître du chien, il lui dit : "Puisque vous n'avez pas fait de prières pour l'âme du défunt, je suis d'avis que nous les commencions ensemble." » (Article *cadhi*.) C'est certainement du récit de d'Herbelot que s'inspire Le Sage dans *Gil Blas*

(livre V, chap. I : *Histoire de don Raphaël*, Folio n° 498) : l'aventure se passe à Alger ; un chrétien prisonnier devenu un riche renégat a invité deux compagnons de débauche, l'un juif et l'autre arabe, et c'est à cette occasion qu'il enterre un chien qui lui était cher « avec toute la cérémonie qui s'observe aux funérailles des mahométans ». Dénoncé par son hôte musulman, il est convoqué chez le *cadi* et s'en tire en remettant au juge, de la part du « défunt », deux cents sultanins d'or.

2. Il attend, pour vendre son blé, les plus hauts cours. La Saint-Rémi tombait le 1ᵉʳ octobre (elle est aujourd'hui le 15 janvier).

3. Rutebeuf est l'auteur d'une *Vie de sainte Marie l'Égyptienne* en 1 306 vers.

4. « Muni de sa bourse, comme il l'est, le prêtre n'a à craindre ni la faim ni la soif, c'est-à-dire qu'il est bien tranquille sur la suite de l'affaire » (Edmond Faral).

Frère Denise

par RUTEBEUF

Jamais l'habit n'a fait l'ermite. Qu'un homme en ermitage habite et qu'il soit pauvrement nippé, je ne donne pas deux fétus de la robe qu'il a vêtue s'il ne mène vie aussi pure qu'il veut le montrer par sa mise. Bien des gens ont belle apparence, mais ces dehors font illusion ; on dirait ces arbres sans fruit qui furent trop beaux en leur fleur. Ces gens-là devraient bien périr vilainement et à grand-honte. Un proverbe dit et raconte que tout ce qui luit n'est pas or.

Il me faut, avant de mourir, faire un fabliau de l'histoire de la plus belle créature qu'il soit possible de trouver de Paris jusqu'en Angleterre. Ce qui arriva, le voici. Des gentilshommes, plus de vingt, lui avaient demandé sa main ; mais ne voulant, pour rien au monde, entendre parler de mariage, c'est à Dieu et à Notre-Dame qu'elle avait voué son pucelage. Elle était de noble famille, fille d'un défunt chevalier ; elle avait encore sa mère, mais n'avait ni frères ni sœurs ; mère et fille s'aimaient beaucoup.

Des frères mineurs [1], bien souvent, venaient fréquenter la maison : y entraient tous ceux qui passaient. L'un d'eux, familier du logis, sut ensorceler la pucelle et vous allez savoir comment. La demoiselle le pria d'aller demander à sa mère de la mettre en religion ; il

répondit : « Ma douce amie, si vous voulez mener la
vie de saint François, comme nous-mêmes, vous ne
pourrez assurément manquer d'être un jour une
sainte. » La pucelle, ébranlée déjà, et conquise, matée,
vaincue, aussitôt qu'elle eut entendu les propos du
frère mineur, lui dit : « Dieu veuille m'honorer ! Je ne
puis avoir joie plus grande que d'appartenir à votre
ordre. Dieu par bonheur m'aurait fait naître si je
pouvais y être admise. » Et le frère, ayant entendu la
réponse de la pucelle, ajouta : « Belle demoiselle, que
Dieu m'accorde son amour ! Si je pouvais vraiment
savoir que vous vouliez entrer chez nous et que sans
faute vous puissiez garder votre virginité, sachez-le
bien, je ne mens pas : vous auriez part à nos bien-
faits. » La demoiselle lui promet de conserver son
pucelage pendant tous les jours de sa vie. Par son art il
sut la tromper sans qu'elle y entendît malice. Il lui
prescrivit de se taire, sous peine de perdre son âme ; il
lui dit de faire, en secret, couper ses belles tresses
blondes, de s'habiller comme un jeune homme et là-
dessus, d'aller tout droit en un lieu qu'il avait en garde.
Le frère, plus cruel qu'Hérode, lui fixe un jour et
prend congé ; et Denise verse des larmes quand elle le
voit s'en aller. Lui, qui devait lui faire entendre la glose
de cette leçon [2], la mit en triste condition. Que la male
mort l'emporte !

Ce que le frère lui a dit, c'est pour elle vraie
prophétie. Elle a donné son cœur à Dieu ; l'autre a fait
tel don de son cœur qu'il en aura sa récompense. Ce
dont il rêve est bien contraire aux pieux projets qu'elle
médite. Ils n'ont pas les mêmes desseins. Se soustraire
à l'orgueil du monde, c'est tout ce qu'elle se propose.
Mais lui, pécheur invétéré, qui brûle du feu de luxure,
a mis sa pensée et ses soins à accompagner la pucelle là
où elle veut se baigner [3]. Il va ruminant son affaire ; son
compagnon [4], qui le rencontre, est surpris qu'il ne dise

mot. « A quoi, mon frère, pensez-vous ? — Je vais méditant un sermon, le meilleur que je fis jamais. » L'autre répond : « Pensez-y donc ! » Mais le frère Simon ne songe qu'à la pucelle qui l'attend, impatiente que vienne l'heure de nouer la corde à ses reins ; elle ressasse en sa mémoire la leçon qu'il lui a donnée. Trois jours plus tard, la demoiselle quitte la maison de sa mère qui, ne sachant où est sa fille, en a grande peine en son cœur et, tout au long de la semaine, la regrette en versant des larmes ; mais l'autre ne s'en soucie guère, tout heureuse d'être partie.

Elle a fait couper ses cheveux, s'est habillée comme un garçon ; elle a chaussé de bons houseaux, s'est vêtue d'une robe d'homme qui était fendue par-devant et vient en cet accoutrement là où elle avait rendez-vous. Le frère, qu'excite le diable, a grande joie de sa venue. Il la fait recevoir dans l'ordre et sait bien abuser les frères. Elle revêt le froc des moines ; la tête rasée en couronne, elle suit Simon au moutier. Elle sait bien se comporter au cloître comme à la chapelle. Ayant vite appris la musique, elle connaît tout son psautier, chante au lutrin avec les frères, fort bien, avec beaucoup de grâce. Aussi demoiselle Denise eut tout au gré de ses désirs ; on ne lui changea pas son nom : on l'appela frère Denise [5].

Que pourrais-je vous dire encore ? Frère Simon s'y prit si bien qu'il fit d'elle tous ses caprices ; il lui apprit des jeux nouveaux sans que nul ne s'en aperçût. Par ses dehors il sut leurrer tous les moines. Frère Denise était courtois et obligeant ; les religieux de la maison aimaient beaucoup frère Denise, mais Simon l'aimait davantage ! Souvent il allait en limons, comme s'il n'était pas profès, et il s'y plaisait mieux qu'aux traits [6] : c'était un très bon limonier. Il vivait comme un débauché, oubliant ses devoirs d'apôtre ; Denise sut la patenôtre qu'il lui apprit sans trop de peine.

Il l'emmenait par le pays sans avoir d'autre compagnon si bien qu'un jour ils arrivèrent à la maison d'un chevalier qui avait de bons vins en cave et volontiers leur en donna. La dame du lieu s'attarda à regarder frère Denise et, considérant son visage et son air, elle soupçonna que Frère Denise était femme : aussi voulut-elle savoir si c'était vrai, si c'était faux. Lorsqu'on eut enlevé la table, la dame, en femme bien apprise, prit par la main frère Denise. Elle sourit à son mari et, souriant, lui dit : « Beau sire, allez vous amuser dehors et faisons deux parts de nous quatre. Emmenez le frère Simon et je charge frère Denise de m'entendre en confession » ; propos dont les deux cordeliers n'avaient pas lieu de se réjouir. Mieux leur valût être à Pontoise : ils tremblaient d'être découverts. Frère Simon s'approcha d'elle : « Il faut vous confesser à moi, car ce frère n'a pas licence de vous imposer pénitence. » Et la dame lui répondit : « Sire, c'est à frère Denise que je veux dire mes péchés et que je veux me confesser. » Elle l'emmène dans sa chambre, ferme l'huis, pousse le verrou, s'enferme avec elle et lui dit : « Douce amie, qui vous conseilla la folie d'entrer dans cet ordre ? Dieu m'absolve quand je mourrai ! Croyez-moi, vous ne perdrez rien en me disant la vérité. Le Saint-Esprit me vienne en aide ! Vous pouvez vous fier à moi. » Bouleversée, la malheureuse se défend du mieux qu'elle peut, mais avec de bonnes raisons, la dame arrive à la convaincre et frère Denise enfin cède. A genoux, elle crie merci et lui demande, les mains jointes, de ne pas la déshonorer. Sans rien omettre elle lui conte comment il l'a prise à sa mère ; elle lui avoue qui elle est.

La dame alors mande le frère et lui fait, devant son mari, tels reproches que jamais homme n'essuya pareille avanie. « Vil papelard, fourbe, hypocrite, votre vie est fausse et malpropre. Vous pendrait-on à

votre corde qui est nouée de tant de nœuds qu'on ferait
là bonne journée. On a soupé de ces gens-là qui au-
dehors semblent honnêtes et au-dedans sont tout
pourris. La nourrice qui vous nourrit vous donna
mauvaise pitance : avoir ainsi déshonoré une si belle
créature ! Un tel ordre, par saint Denis, n'est ni bon, ni
beau, ni joli. Vous défendez aux jeunes gens et les
danses et les caroles, violes, tambours et citoles, et tous
plaisirs de ménestrels. Dites-moi, sire haut rasé, saint
François vivait-il ainsi ? En imposteur, en vrai cafard,
vous avez récolté la honte ; mais vous avez trouvé
quelqu'un qui va vous en récompenser. » La dame
alors ouvre une huche pour y mettre le cordelier [7].
Celui-ci, face contre terre, s'étale en croix devant la
dame et le chevalier s'attendrit par pitié et noblesse
d'âme. Regardant le frère étendu, il lui tend la main, le
relève. « Frère, dit-il, voulez-vous être de cette affaire
bientôt quitte ? Procurez-vous quatre cents livres pour
marier la demoiselle. » A ces mots le frère est heureux
et je pense qu'il ne connut jamais telle joie en sa vie. Il
promet donc au chevalier de donner l'argent demandé
qu'il aura sans rien mettre en gage, car il sait bien où le
trouver. Il prend congé et disparaît.

La dame, en toute loyauté, retient demoiselle
Denise, se gardant bien de l'effrayer. Très doucement
elle l'assure que nul n'apprendra son secret et que
personne ne saura qu'elle a couché avec un homme ;
elle sera bien mariée. Qu'elle choisisse en la contrée
celui qui le mieux peut lui plaire ; mais il faut qu'il soit
de son rang. Tant fit la dame pour Denise qu'elle la mit
en bon vouloir. Ses promesses n'étaient pas vaines :
elle plaça devant son lit une de ses plus belles robes, la
réconforta de son mieux, lui parlant en toute franchise.
Elle lui dit : « Ma douce amie, demain vous mettrez
cette robe. » La dame, de sa propre main, la vêt avant
qu'elle se couche sans souffrir que d'autres la touchent.

Elle voulut faire en secret et courtoisement son affaire, comme femme honnête et discrète. Denise envoya à sa mère un message pour la mander ; celle-ci eut très grande joie quand elle eut retrouvé sa fille qu'elle croyait avoir perdue. La dame sut lui faire croire que Denise avait été nonne à la maison des Filles-Dieu [8] où une autre l'avait conduite, ce qui la rendit presque folle : elle put la tirer de là.

Que me reste-t-il à vous dire ? Il serait vain de commenter. Denise resta chez la dame en attendant l'argent promis. Après, elle ne tarda guère à être servie à son gré : elle épousa un chevalier qui naguère l'avait requise. Et ce fut madame Denise : elle y trouva plus grand honneur qu'en habit de frère mineur.

(MR, III, 87 ;
Edmond Faral et Julia Bastin,
Rutebeuf, Œuvres complètes.)

1. Les frères mineurs (les « petits frères ») étaient les religieux de l'ordre fondé au début du XIIIe siècle par saint François d'Assise — appelés cordeliers parce qu'ils portaient en guise de ceinture une corde à trois nœuds. Une tradition littéraire bien établie leur attribue des mœurs dissolues — des conteurs du XVIe siècle à Rétif de La Bretonne (le cordelier Gaudet d'Arras). — Le thème de *Frère Denise* se retrouve dans l'*Heptaméron* (trente et unième nouvelle) et dans les *Contes* de La Fontaine *(Les Cordeliers de Catalogne)*.

2. Une glose est un commentaire. Frère Simon va donner bientôt, par ses actes, un commentaire de sa leçon.

3. De nombreux fabliaux montrent qu'il était d'usage de se baigner dans un cuvier avant de faire l'amour. Faral voit là une allusion «à certaines licences auxquelles donnait lieu la fréquentation des bains publics».

4. Son compagnon habituel. Les cordeliers allaient deux par deux.

5. *Denise* s'employait, comme Denis, pour désigner un homme. Cf. *Le Prêtre et Alison* : «Par *saint Denise*, de ci à l'ève [eau] de Tamise.»

6. «Aller en limons, se mettre en limons», c'était faire l'amour. Rutebeuf joue sur deux sens différents de *traits* : lanières ou cordes à l'aide desquelles les chevaux tirent une voiture; variations sur une mélodie dans un chant religieux.

7. Châtiment qui peut sembler singulier. Les huches, dans les fabliaux, servent plutôt à dissimuler un galant. Peut-être la dame veut-elle l'emprisonner avant d'avertir le supérieur du couvent.

8. Voir Joinville, CXLII : saint Louis «fit faire une maison au-dehors de Paris, au chemin de Saint-Denis, qui fut appelée la maison aux Filles-Dieu; et fit mettre grand multitude de femmes en l'hôtel, qui par pauvreté s'étaient mises en péché de luxure et leur donna quatre cents livres de rente pour les soutenir». Les Filles-Dieu allaient mendier dans les rues, ce qui était assez préjudiciable à leur conduite; le couvent, transféré à l'intérieur des murs après la bataille de Poitiers, offrait la nuit l'hospitalité aux vagabonds et aux indigents malades. Quand un condamné allait du Châtelet au gibet de Montfaucon, le cortège s'arrêtait à la porte du monastère et le condamné recevait des mains des religieuses trois morceaux de pain et un verre de vin.

Le Prêtre et Alison [1]

par Guillaume le Normand

Il y a tant de ménestrels que je ne sais dire desquels je suis, par le corps saint Eustache. Guillaume, qui souvent s'amuse à mettre en rime des histoires, a fait un joli fabliau sur la fille d'une bourgeoise qui demeurait tout près de l'Oise et qu'on nommait dame Mahaut. Elle vendait souvent des aulx et des oignons à sa fenêtre et des chapeaux de jonc tressés. Sa fille s'appelait Marie. C'était une jolie pucelle qui n'avait pas plus de douze ans ; Marie portait dans ses bras belle [2] et cresson cueilli en fontaine, mouillant sa chemise de lin. Jamais, je ne vis plus courtoise que cette fille de bourgeoise, ni mieux apprise, en vérité. Mahaut faisait aussi commerce de cumin, de poivre et de cire et le chapelain de Saint-Cyr était client de la maison : il y venait pour les épices, le gingembre, le citoval, pour la cannelle et la réglisse, et pour l'herbe qui vient d'Egypte [3]. Ce prêtre, nommé Alexandre, natif d'Ardres, près de Calais, était un richard bien pourvu. Il ne pensait qu'à Marion. Un jour il vient trouver sa mère ; il la salue et la bourgeoise se lève alors pour l'accueillir : « Vous venez, sire, au bon moment, dit-elle sans songer à mal ; vous allez dîner avec nous et nous serons en grande joie. Voyez l'oie qui rôtit au feu. » Le chapelain tourne la tête vers la pucelle qu'il

regarde. Pensif, il s'assied sur un banc et se dit que la
posséder et l'avoir à sa volonté vaudrait vingt livres,
pour le moins. Bien élevée, la gorge blanche, elle était
belle, simple et sage. Alors on fait mettre les tables ;
dans la maison de la bourgeoise on ne mangeait pas de
vandoise, mais seulement de la volaille. Et le chapelain
tout heureux couvait des yeux la pucelette dont la
récente mamelette s'arrondissait comme une pomme.
L'heure vient d'enlever les tables lorsque chacun est
rassasié. Le prêtre est enflammé d'amour et dit, sur un
ton papelard : « Dame, de grâce, oyez ma peine ! Je
souffre depuis bien longtemps et dois vous confier mon
secret. Marie, votre fille, la belle, m'a brisé, arraché le
cœur. Je voudrais, avec votre accord, avoir une nuit la
pucelle. Je sais qu'elle vaut un trésor, mais j'ai la
bourse bien garnie. » La dame lui répond : « Eh ! sire,
croyez-vous que, pour votre argent, vous pourriez
posséder ma fille, que j'ai si tendrement nourrie ? Et je
prise moins qu'une alise vos deniers et votre magot.
Par les saints qui sont à Gisors [4], je n'ai cure de votre
avoir. Je vous le dis, sachez-le bien : mettez en autre
lieu vos mains. — Ma dame, fait le chapelain, par
Dieu, ayez pitié de moi. Je vous apporterai l'argent :
vous prendrez ce qui vous plaira. »

Pour que sa fille aux blonds cheveux puisse profiter
de l'aubaine, Mahaut promet au chapelain de satisfaire
son désir et le prêtre rentre chez lui. Jamais homme ne
fut trompé comme il le fut, en vérité. Ayant fait
préparé un bain, la dame se met à jurer par Dieu et le
corps saint Eustache de prendre le prêtre à la nasse tout
comme on attrape un poisson. Elle fait venir Alison,
une fille de mœurs légères qui vendait à tous ses
faveurs et dont le corps était menu. Quand elle voit la
gourgandine, elle l'accueille en souriant comme elle eût
fait à fille sage : « Alison, c'est un bon mariage que
je voudrais te procurer ; et d'ici jusqu'à la Tamise

femme n'aura meilleur parti, je le promets par saint
Denis. — C'est pourquoi vous m'avez mandée ? fait
Alison. Qu'il est vilain de se moquer d'une putain qui
n'a pas grand-chose en sa bourse ! — Pas du tout, Dieu
en soit témoin. Non, je ne te veux pas de mal. Tu auras
un blanc pelisson et bonne cotte en vair de Douai.
Entre dans ce bain : cela fait, je te vendrai comme
pucelle. » Sans perdre un instant, Alison, tout heureuse, se déshabille et se plonge comme un poisson.
Elle sera la pucelette que le prêtre espérait avoir. De
son côté, le chapelain prépare tout pour son affaire : un
pelisson que lui vendit un marchand venu de Provins
— il valait bien quarante sous —, une cotte en brunette
rouge. Il fait porter chez la bourgeoise maint chapon et
mainte géline. Il ouvre un coffret, il y prend quinze
livres d'esterlins blancs bien enfermés dans une
bourse. Dieu ! pour un denier de Senlis, il pouvait
prendre son plaisir de celle qui toute la nuit restera
couchée avec lui. Il glisse dans son aumônière une
poignée de parisis pour faire de petits cadeaux. La
dame dit à Hercelot, la servante de la maison : « Va
tout droit chez maître Alexandre pour lui dire que je le
mande, qu'il vienne sans se faire attendre. — Je vais
porter votre message, si Dieu m'assiste, à votre gré. »
Vite elle descend l'escalier en jurant par Dieu et saint
Pierre qu'elle aura profit de l'affaire. « Sire, vous avez
le bonjour de votre amie qui vous salue, de Marion au
corps joli. » Le prêtre donne à Hercelot une belle
bourse d'argent : « Tiens, amie, si tu es discrète, tu
auras encore autre chose. — Je me ferai hacher, dit-
elle, sire, plutôt que d'en parler ou de contrarier votre
amour, car c'est moi qui mène le jeu. » A ces mots le
prêtre rit d'aise. Il lui fait donner par son clerc deux
draps de lin frais et tout neufs : c'étaient là de jolis
cadeaux.

Rentré chez lui, le chapelain attend la nuit à grande

joie. Ah ! Dieu ! comme il dresse son vit, mieux qu'un
étalon en besogne. Il jure par Dieu de servir la pucelle
comme il se doit. Dans un bliaut il enveloppe la
cottelle et le pelisson, et revient chez dame Mahaut
avec sa bourse d'esterlins. Mahaut feint de lui faire
fête, l'assied devant le feu près d'elle ; elle avait fait
mettre à la broche deux chapons avec une oie grasse, et
des malarts et des plongeons [5] ; on eut du vin blanc de
Soissons, des gâteaux de fleur de farine. Chacun fit
honneur au repas. Après souper dame Mahaut dit au
prêtre : « Avez-vous ici ce que vous donnez à ma fille ?
— Oui ; je ne suis pas déloyal ; j'ai apporté les
vêtements : les voici, regardez-les bien, vous verrez
que je ne mens pas ; je suis fidèle à ma parole. » Il verse
sur un échiquier les quinze livres d'esterlins. « Maintenant, dit-elle, Hercelot, allez préparer dans la chambre
un beau lit comme pour un roi. » L'autre obéit, puis va
trouver Alison là où elle est cachée : « Vite, Alison,
préparez-vous. Allez coucher avec le prêtre. Il vous
apprendra l'A.B.C. avec le *Credo in unum*. Surtout ne
faites pas d'histoires quand il va vous dépuceler ! —
Sœur, je ne le puis supporter. De ce jeu-là, j'ignore
tout. Ma foi, croyez-le, je vous jure que je n'ai jamais
connu d'homme : je suis donc une vraie pucelle. »
Hercelot, qui connaît les êtres, conduit Alison dans la
chambre par une porte dérobée ; elle revient trouver le
prêtre et, sous les yeux du chapelain, emmène Marie
dans la chambre, puis en secret l'en fait sortir pour la
cacher dans la soupente. Elle a vendu paille pour grain,
et de l'orge pour du froment. Hercelot dit au chapelain : « Je viens de coucher, par saint Georges, la
pucelle sous la courtine, très dolente et très éplorée.
Mais je l'ai bien réconfortée et je l'ai priée gentiment
d'accéder à tous vos désirs. En échange il faut lui
promettre robes et joyaux à plenté. — Hercelot, lui
répond le prêtre, elle aura à sa volonté ce que je pourrai

posséder. — C'est bien parlé, fait Hercelot. Je lui ai dit
de rester muette quand vous serez tous deux couchés.
Gardez-vous bien d'être brutal ; soyez raisonnable et
courtois. Vous avez une amie de choix : elle est
couchée sous la courtine, plus blanche que n'est fleur
d'épine. — Prends, Hercelot, cette aumônière, dit-il ;
tu trouveras dedans vingt sous ou plus, par saint
Laurent, avec quoi tu t'achèteras un joli pelisson
d'agneau ; et je vais prendre mon plaisir avec celle que
je désire. » Alors il entre dans la chambre, sans
luminaire ni chandelle, tâte les plis de la courtine ; puis
il lève le drap et dit : « Marie, êtes-vous mon amie,
belle sœur, sans aucun regret ? » Mais il est pressé de
conclure ; il l'enlace sans plus tarder. Elle pousse de
gros soupirs et feint de souffrir le martyre : elle est
experte en la matière ! Il la besogne en moins de temps
qu'il n'en faut pour chanter une heure. « Belle sœur,
demande le prêtre, de cette chose que te semble ? A toi
est mon cœur, mon avoir ; j'agirai à ta volonté. Si je te
donne un héritier, sache qu'il sera bien traité. » Et
Alison se met à rire très doucement entre ses dents. Le
prêtre était bien convaincu d'avoir Marion dans ses
bras alors qu'il tenait Alison. Avant que la nuit se
termine, il besogna neuf fois la fille.

Voici ce que fit Hercelot. Elle avait son lit dans la
chambre où le prêtre faisait l'amour ; mais elle se lève
bientôt et, femme maligne et rusée, met le feu à une
paillasse ; puis elle crie : « Haro ! au feu ! » Alors tous
les gens de la ville accourent sans perdre un instant,
font voler la porte en morceaux [6] : la lumière éclaire la
chambre. Le maître boucher de la ville entre ; il a
reconnu le prêtre, l'emmène en un coin de la pièce :
« Que le Seigneur Dieu vous maudisse, et vous et votre
gourgandine ! » Et le chapelain s'aperçut que, croyant
tenir Marion, il avait aimé Alison. Le boucher s'arme
d'un bâton, s'escrime à lui meurtrir les côtes. Chacun

le hue ; de partout pleuvent les coups de pied, les coups
de poing. On lui soustrait ses vêtements. Il s'échappe
par un guichet et d'un bond saute dans la rue. Il s'en va
tout nu comme un daim, sous les yeux des gens de la
ville. On le hue, on le rosse encore, et les bâtons font
leur office. On le poursuit jusqu'à sa porte, tremblant
comme une feuille d'arbre.

(MR, II, 31.)

1. Quelques coupures étaient nécessaires.

2. Ou belle-dame (arroche des jardins) : plante dont les
feuilles se consomment cuites à la façon de l'oseille et des épi-
nards.

3. Dans le *Dit des marchéans*, où sont énumérées toutes les
marchandises possibles, il est fait mention du «gingembres
d'Alexandre».

4. Saint Gervais et saint Protais.

5. Malart : canard sauvage ; plongeon : palmipède de la
taille du canard, nichant près de la mer.

6. Dangereux stratagème qu'on retrouve dans l'*Heptaméron*
(trente-septième nouvelle) : Mme de Loué, trouvant une nuit
son mari couché et endormi «avec la plus laide et sale chambrière qui fut céans», prend de la paille, l'allume dans la
chambre et le tire par le bras en criant «au feu». — Dans le
fabliau du *Cuvier* (MR, I, 9), il s'agit d'un incendie «pour rire».
Voulant rendre la liberté à son ami caché sous un cuvier renversé, la dame soudoie un pauvre diable qui va crier «au feu»
dans la rue, ce qui fait sortir le mari et ses deux compagnons.

La Vessie au prêtre

par Jacques de Baisieux

Au lieu d'un récit inventé, je vous dirai l'histoire vraie — que j'ai entendu raconter — d'un prêtre habitant près d'Anvers [1]. Comme il était très avisé, il avait beaucoup amassé. Il était riche et possédait blé et brebis, vaches et bœufs, tant qu'on n'aurait pu les compter. Mais la mort qui n'épargne rien, ni les rois, les ducs ni les comtes, l'avertit qu'il devrait bientôt payer tribut à la nature. Le pauvre homme était hydropique ; aussi personne ne pouvait lui promettre une longue vie.

Ce prêtre, ayant très grand désir de mourir de la mort du juste, fait venir le plus tôt qu'il peut son doyen et tous ses amis ; il met en leurs mains son avoir pour qu'ils répartissent ses biens quand ils verront l'heure venue où il lui faudra rendre l'âme. Sans rien garder il donne tout, joyaux, coussins, bancs et vaisselle, literie, linge jusqu'aux nappes, et bœufs et moutons et brebis. Il leur dit à qui reviendront les choses qu'il aura léguées et fait des promesses écrites.

C'est alors que deux Jacobins [2] partirent d'Anvers pour prêcher. Ils allèrent droit chez le prêtre, pensant bien qu'il les garderait pour manger, boire et festoyer, comme il l'avait fait maintes fois. Ils ne mangèrent ni ne burent, puisque le prêtre était au lit. Néanmoins ils

se sont enquis de son état, de sa santé. Ils lui palpent
mains et visage, regardent ses jambes, ses pieds, lui
tâtent le corps tout entier, et vraiment il leur semble
bien qu'il s'agit d'un mal incurable : la mort ne saurait
l'épargner. « Faisons en sorte, dit l'un d'eux, que, de
son avoir amassé, il lègue aux Jacobins vingt livres :
c'est de quoi réparer nos livres. Si nous pouvons y
arriver, le prieur nous en saura gré et nos frères seront
ravis. — Vous parlez d'or, par Dieu le père, frère
Louis, mais il faut savoir qui pourra le mieux l'aborder
pour lui exposer notre affaire. » Ils s'approchent du lit
du prêtre : « Sire, vous semblez accablé par ce mal qui
vous fait souffrir. Il faudrait penser à votre âme et faire
au nom de Dieu des legs. » Le prêtre dit : « Je ne crois
pas avoir caché chape ni cotte, ni les draps auxquels je
me frotte puisque, pour Dieu, j'ai tout donné. —
Comment avez-vous arrangé, lui demandent-ils, vos
affaires ? L'Ecriture nous en témoigne : prenez garde à
qui vous donnez ; il faut bien choisir la personne à qui
on veut faire une aumône. » Le prêtre répond simplement : « J'ai, à ma pauvre parenté, donné brebis,
vaches et veaux ; et aux pauvres de cette ville, j'ai
donné aussi, par saint Gilles, du blé qui vaut plus de
dix livres. J'ai fait des dons aux orphelines, aux
orphelins et aux béguines et à bien des petites gens, et
j'ai laissé, par charité, cent sous aux frères cordeliers.
— Ces aumônes nous semblent louables. N'avez-vous
pas songé aussi aux moines de notre maison ? dirent les
deux frères au prêtre. — Vraiment non. — Est-ce donc
possible ? Il n'est chez nous que bonnes gens ; nous
sommes vos proches voisins et nous vivons très sobre-
ment. En ne voulant rien nous laisser, vous n'aurez pas
la mort du juste. » Le prêtre, troublé du reproche,
répond : « Par les yeux de ma tête, je n'ai plus à moi
blé ni bête, or ni argent, hanaps ni coupes. » Il en est
blâmé par les frères qui montrent, citant des exemples,

qu'il peut révoquer ses promesses pour qu'ils aient part à ses largesses : « Ce que vous avez fait nous peine, car chez vous nous avons trouvé bien souvent notre écuelle pleine. Les legs faits à notre maison sont des aumônes bien placées. Nous ne portons pas de chemise et nous vivons de charité. Et si nous vous parlons ainsi, Dieu le sait, ce n'est vraiment pas pour la valeur de votre argent. » A ces mots le prêtre s'irrite et se dit qu'il se vengera, s'il le peut, qu'il les bernera ; il paieront cher leur insistance. Voici ce qu'il répond aux frères : « J'ai réfléchi, et vous réserve un joyau qui me fut précieux, que j'aime encore. Par saint Pierre, je n'ai rien qui me soit plus cher, et ne voudrais pas m'en défaire pour deux cents marcs d'un autre avoir. Je vous fixe ici rendez-vous. Revenez avec le prieur, et je vous dirai ce que c'est avant que la vie m'abandonne. » Les frères, nageant dans la joie, lui répondent : « Dieu vous le rende ! Quand voulez-vous que l'on revienne en amenant notre prieur ? — Venez demain, s'il plaît à Dieu, et vous recevrez ma promesse avant que mon état n'empire. »

Les deux frères, à leur retour, assemblent bientôt le chapitre. Chacun d'eux raconte l'affaire, sans être longtemps écouté ; et tous les frères de crier : « Faites venir bonne pitance : nous avons gagné deux cents livres que nous laisse un prêtre malade. » Frère Nicole et frère Gilles, frère Guillaume et frère Ansiaux, viennent apprendre la nouvelle et ils en mènent grande joie. Ils commandent force poissons, vin vieux, vin nouveau, flans, pâtés. On s'empiffre autour de la table et chaque frère prend ses aises ; ils ne boivent pas de piquette. On les voit baiser le hanap en l'honneur du prêtre malade qui leur a promis son joyau. A la volée, les cloches sonnent comme pour la fête d'un saint. Ceux qui les voient sont ébahis et croient qu'ils ont perdu la tête. Et le frère Louis se demande quel sera le

meilleur moyen d'extorquer sa promesse au prêtre :
« Demain matin, avant la messe, il fera bon se mettre
en route, dit chacun, que Dieu nous conduise ! Avant
que la mort le surprenne, sachons ce qu'il veut nous
donner. Nous en aurons mainte pitance[3] ; cela vaut
d'en prendre la peine. — Quels sont ceux — il faut
nous le dire — qui pourront vous accompagner ? —
Notre ermite, frère Guillaume, en sera, et frère
Nicole ; ils sauront très bien lui parler. Viendra aussi
frère Robert : il n'est pas plus sage convers ; il portera
notre bréviaire. Du prieur nous n'avons que faire. » Ils
se sont ainsi mis d'accord.

Le lendemain, ils sont allés tout droit à la maison du
prêtre. Ils le saluent au nom de Dieu, lui demandent si
de son mal il a quelque soulagement. Le prêtre sait
bien leur répondre et dit : « Soyez les bienvenus ! Je
suis loin d'avoir oublié le legs que je vous ai promis ;
mes intentions restent les mêmes. Faites venir les
échevins et le maire pour que plus tard vous n'ayez pas
le moindre ennui. Devant eux je m'engagerai ; vous
saurez quelle est cette chose et je vous dirai où la
prendre. » Entendant ce que dit le prêtre, frère Robert
a tant couru qu'il amène avec lui le maire et tout le
corps des échevins ; et les frères, bien entendu, les
accueillent comme il se doit. Le prêtre parle le
premier : « Seigneurs, vous êtes mes amis ; au nom de
Dieu, écoutez-moi. Frère Louis et frère Simon sont
venus ici pour prêcher, me croyant en bonne santé.
Mais Dieu a voulu m'accabler d'une maladie si cruelle
que je ne puis m'en relever. M'ayant vu, ils m'exami-
nèrent ; cela fait, ils me demandèrent si j'avais pensé à
mon âme, et je leur dis, par Notre-Dame, que j'avais
déjà tout donné. Ils me demandèrent encore si un
prêtre de leur maison avait eu de moi quelque don. Je
leur dis non ; Dieu soit témoin ! je n'avais pas songé à
eux ; ils étaient arrivés trop tard et n'avais plus rien à

donner. Ils me dirent : " Cela va mal ; car vous ferez
mauvaise mort si vous ne changez pas d'idée et ne
voulez rien nous léguer. " Pour moi, par sainte
patenôtre, je veux faire une bonne mort et j'ai bien
longtemps réfléchi ; et j'ai pensé à une chose qui est
dans mon pourpris enclose, que j'aime plus que tout au
monde, mais je la donne à condition qu'ils ne l'auront
qu'après ma mort. Je la leur lègue devant vous. — Et
que nul n'y trouve à redire, firent ensemble les cinq
frères ; mais de quoi s'agit-il, beau père ? — Eh bien,
voilà, c'est ma vessie. Lorsque vous l'aurez nettoyée,
elle vaudra cuir de Cordoue et vous fera un long usage.
Vous pourrez y mettre du poivre. — Nous avez-vous
mandés ici pour nous duper, prêtre toqué ? Vous nous
avez pris pour des sots. — Vous m'avez pris pour une
bête quand vous vouliez que je révoque les aumônes
que j'avais faites. Je vous ai dit que, pot ni poêle, je
n'avais rien à vous donner. Mais vous vouliez me
persuader que c'était à vous, mieux qu'à d'autres, que
je devais laisser mes biens. » Les Jacobins, baissant la
tête, n'ont plus qu'à tourner les talons et à regagner
leur maison avec des mines déconfites. Quant à ceux
qui étaient restés, ils se pâmèrent tous de rire.

Jacques de Baisieux, sachez-le, a traduit du néerlan-
dais l'histoire qu'il a mise en rime, car la farce lui a
bien plu.

(MR, III, 59.)

1. Quelques coupures étaient nécessaires.
2. Les Jacobins (frères prêcheurs) étaient les religieux domi-
nicains, installés à Paris dès 1217. On les appelait ainsi parce
que leur couvent se trouvait rue Saint-Jacques.
3. Pitance désignait la portion de vivres attribuée à chaque
moine, prise sur les dons faits au couvent par piété, par charité.

Les Trois Bossus ménestrels [1]

par DURAND

Si vous voulez prêter l'oreille et m'écouter un petit
peu, je ne mentirai pas d'un mot et vous conterai une
histoire mise en vers dans ce fabliau.

Elle arriva dans une ville, mais j'en ai oublié le nom,
mettons que ce fût à Douai. C'est là qu'habitait un
bourgeois qui vivait de ses revenus : un bel homme,
ayant bons amis, un bourgeois en tout accompli. Si sa
fortune était modeste, il aurait trouvé au besoin des
ressources grâce au crédit dont il jouissait dans la ville.
Ce bourgeois avait une fille d'une ravissante beauté, et
pour dire la vérité, je pense que jamais Nature ne fit
plus belle créature. Mais m'étendre sur ce sujet me
semble ici hors de propos, car si je voulais m'en mêler,
je pourrais faire un pas de clerc et je crois que mieux
vaut me taire que dire chose qui n'est pas. Dans la ville
était un bossu ; je n'en vis jamais d'aussi laid et pour
dire la vérité je crois que Nature avait mis ses soins à
mal le façonner. En tout il était contrefait : grosse tête
et vilaine hure, cou trop court et larges épaules haut
plantées sur un dos voûté. Tenter de faire son portrait
serait entreprise insensée : quel affreux bossu, celui-
là ! Il n'eut jamais d'autre souci que d'accumuler de
l'argent et je puis dire sans mentir qu'il n'était
personne en la ville qui fût aussi riche que lui. Je ne
sais comment il s'y prit et cela, c'était son affaire.

Grâce à l'argent qu'il possédait, il obtint la main de la belle ; mais après l'avoir épousée, il fut tous les jours en tourment : le bonhomme était si jaloux qu'il n'avait jamais de repos. Il vivait toujours portes closes ; jamais nul n'avait droit d'entrer sauf s'il apportait de l'argent ou s'il venait en emprunter. Il restait toute la journée assis au seuil de sa maison.

Il advint qu'un jour de Noël arrivèrent trois ménestrels, tous les trois bossus comme lui : ils dirent qu'ils voulaient passer cette fête en sa compagnie ; il n'était personne à Douai qui mieux que lui pût les traiter. Notre homme les mène à l'étage : c'était maison à escaliers. Ils trouvèrent le repas prêt : les voilà bientôt attablés et je puis dire en vérité que ce fut un très beau dîner. Le bossu ne lésina pas et régala ses compagnons : on eut pois au lard et chapons. Quand le repas fut terminé, il fit compter aux trois bossus, je le sais, vingt sous parisis. Cela fait, il leur défendit de revenir dans la maison, ni dans l'enclos : s'ils étaient pris, il les enverrait se baigner dans les eaux glacées du canal ; l'hôtel donnait sur la rivière qui était large et très profonde. Là-dessus les bossus s'en vont sans tarder, la mine joyeuse, car ils avaient, à leur avis, fait bon emploi de la journée. Quant au maître de la maison, il sort et puis passe le pont.

La dame avait bien entendu rire et chanter les trois bossus ; elle les rappelle aussitôt, désirant qu'ils chantent pour elle et prend soin de fermer les portes. Tandis que les bossus chantaient et plaisantaient avec la dame, voici le mari revenu : il n'avait pas été bien long. On l'entend crier à la porte ; sa femme reconnaît sa voix. Mais que faire des trois bossus ? Où pourrait-elle les cacher ? Près du foyer sur un châlit on avait placé trois grands coffres : dans chacun d'eux, pour s'en tirer, elle fait loger un bossu. Le mari rentre ; à grande joie il vient s'asseoir près de sa femme ;

pourtant il ne s'attarde guère, descend l'escalier et s'en
va. La dame est loin d'être fâchée de voir son mari
repartir, se proposant de délivrer les bossus cachés
dans les coffres ; mais quand elle lève les couvercles,
c'est pour les trouver étouffés. La malheureuse est
affolée : elle court à la porte, appelle un portefaix
qu'elle aperçoit : le garçon arrive aussitôt. « Ami, dit-
elle, écoute-moi. Si tu me donnes ta parole de ne pas
trahir mon secret et de ne jamais m'accuser de ce que je
vais te confier, tu seras bien récompensé : tu recevras,
la chose faite, trente livres de bons deniers. » Il est
alléché par la somme, il promet, résolu à tout, et monte
aussitôt l'escalier. La dame alors ouvre un des coffres.
« Ami, ne vous affolez pas. Portez-moi ce cadavre à
l'eau : vous me rendrez un fier service. » Il prend un
sac qu'elle lui donne ; il y met le corps du bossu et le
charge sur son épaule ; il dévale les escaliers, s'en va
courant vers la rivière, du haut du pont le jette à l'eau,
et, sans attendre davantage, il retourne vers la maison.
La dame a tiré du châlit un autre bossu, à grand-peine,
au risque de perdre le souffle. Puis elle s'en écarte un
peu. Le portefaix revient joyeux : « Dame, s'écrie-t-il,
payez-moi ; je vous ai délivrée du nain ! — Pourquoi
vous moquez-vous de moi, répond-elle, fou de vilain ?
Le nain est déjà revenu. Au lieu de le jeter à l'eau, vous
l'avez ramené ici. Regardez-le bien, il est là. —
Comment, par cent diables maudits, est-il donc revenu
céans ? Le tour est vraiment incroyable ; il était mort,
j'en suis bien sûr. C'est un antéchrist, un démon. Il le
paiera, par saint Rémi. » L'homme se saisit du bossu,
le met dans un sac et le charge sur son épaule sans
effort. Le voici hors de la maison. La dame tire de son
coffre, vite, le troisième bossu et l'allonge devant le
feu, puis elle revient vers la porte. L'autre jette dans la
rivière le bossu, tête la première : « Si je te revois, lui
dit-il, cela pourra te coûter cher ! » Dès son retour le

portefaix demande à la dame son dû ; elle se borne à lui répondre qu'il sera payé comme il faut et sans avoir l'air d'y toucher le conduit vers la cheminée où gisait le dernier bossu. « C'est un prodige ! s'écrie-t-elle ; vit-on jamais chose pareille ? Regardez-le étendu là. » Le garçon ne rit pas du tout de le voir couché près du feu. « Corbleu, dit-il, quel ménestrel ! Passerai-je donc ma journée à porter ce maudit bossu ? Après l'avoir jeté à l'eau toujours je le vois revenu. » Il le met alors dans un sac et le jette sur son épaule, suant d'angoisse et de colère, puis il dévale l'escalier, se décharge de son fardeau pour le lancer dans la rivière : « Va-t'en, dit-il, à tous les diables ! Aujourd'hui je t'ai trop porté ; mais si tu reviens tu n'auras pas le temps de te repentir. Tu m'as, je crois, ensorcelé. Par le Dieu qui me mit au monde, si je te vois sur mes talons et que j'aie épieu ou bâton, je t'en donnerai sur la nuque et tu seras coiffé de rouge. »

Il regagne alors la maison ; avant de monter l'escalier, il regarde derrière lui et voit le mari qui revient. Il n'a cure de plaisanter ; de la main trois fois il se signe en invoquant le Seigneur Dieu et le voilà bouleversé : « Ma foi ! il doit être enragé puisqu'il ne veut pas me lâcher et qu'il va me serrer de près. Par la targe de saint Morand il me prend pour un paysan : impossible de l'emporter sans qu'il ne revienne à l'instant et qu'il ne s'attache à mes pas ! » Alors il saisit à deux mains un pilon pendu à la porte et court au pied de l'escalier que l'autre s'apprête à monter. « Vous revoilà, sire bossu. C'est, je crois, de l'entêtement. Par le corps de sainte Marie, vous rentrez pour votre malheur. Me tenez-vous pour un nigaud ? » Alors il lève son pilon et lui en assène un tel coup sur la tête — sa grosse tête ! — que la cervelle s'en répand ; il l'étend mort sur les degrés, le fourre dans un sac fermé d'une ficelle bien nouée, car il tremble qu'il ne revienne et sort pour le jeter à l'eau.

« Va-t'en, dit-il, pour ton malheur ; maintenant je suis assuré qu'on ne te reverra jamais tant que les bois auront des feuilles. » Vite il revient trouver la dame et lui demande son paiement, car il a bien fait son travail. La dame ne lésine pas et compte, sans en rien rabattre, au portefaix, ses trente livres. C'est de grand cœur qu'elle le paie : elle est contente du marché. « J'ai fait bonne journée, dit-elle, puisque me voici délivrée d'un mari qui était si laid : ainsi je n'aurai plus, je crois, de souci tant que je vivrai. »

Durand qui met fin à l'histoire dit que Dieu ne fit jamais fille qu'on ne puisse avoir en payant et qu'il n'est denrée si précieuse qu'on n'obtienne pour de l'argent ; c'est bien là pure vérité. N'est-ce pas grâce à ses deniers que le bossu put épouser la dame qui était si belle ? Maudit soit qui s'attache trop à ce vil argent et maudit qui le premier en fit usage.

(MR, I, 2 ;
R.C. Johnston et D.D.R. Owen,
Fabliaux Selected.)

1. Sur les nombreuses versions de cette histoire, voir Bédier (*op. cit.,* p. 236-250). *Les Trois Bossus ménestrels* offrent une étroite parenté avec un autre fabliau, *Estormi.* Il s'agit cette fois d'une femme honnête persécutée par trois prêtres qui veulent obtenir ses faveurs. D'accord avec son mari, elle fait croire aux galants qu'elle est disposée à céder à leurs avances. Elle leur fixe rendez-vous ; ils arrivent l'un après l'autre et le mari les tue. Mais comment se débarrasser des cadavres ? Le couple aura recours à un neveu, Estormi, qu'on va chercher à la taverne où il joue aux dés. On lui montre «l'un des trois cadavres, comme s'il était le seul. Qu'il l'emporte et le fasse disparaître ! Ainsi fait. Quand il revient, on lui fait voir, à la même place, un second cadavre, semblable au précédent. C'est donc qu'il est revenu ! Il emporte ce second corps et la

même scène se reproduit pour le troisième cadavre». Estormi
finit par tuer un quatrième prêtre, qui a le malheur de se trouver sur son chemin, et qu'il prend pour son revenant. Mêmes
quiproquos macabres dans le fabliau des *Quatre Prêtres*; même
thème du «mort plusieurs fois tué» dans les différentes versions du *Segretain (Sacristain)* et dans *Le Prêtre qu'on porte*. —
Dans son *Histoire des livres populaires* (1854, I, p. 237-240),
Charles Nisard fait mention de deux livrets de colportage
(Pellerin, à Epinal, et Decklerr, à Montbéliard) où, sous le titre
Les Trois Bossus de Besançon, se retrouve, avec quelques variantes, la même histoire; une gravure sur bois représente le portefaix allant jeter son sac à la rivière.

Le Prêtre qui eut mère par force

Ce fabliau — c'est vérité — raconte l'histoire d'un prêtre qui avait une vieille mère, bossue, contrefaite et hideuse, très hypocrite et très grincheuse et contrariante en toutes choses. Personne ne pouvait la voir ; le prêtre même, à aucun prix, n'eût voulu, tant elle était folle, incivile et mal embouchée, qu'elle fréquentât sa maison. Il avait une belle amie, qu'il vêtait avec élégance : elle avait cotte et bon manteau, et deux pelissons bons et beaux, l'un d'écureuil, l'autre d'agneau, et de riches tissus d'argent qui faisaient bien jaser les gens. Mais plus qu'une autre, cette vieille jacassait sur l'amie du prêtre ; elle disait même à son fils qu'il aimait dix fois moins sa mère que sa maîtresse : on voyait bien qu'il ne voulait rien lui donner, surcot ni pelisson ni cotte. « Taisez-vous, dit-il, vieille sotte. De quoi me faites-vous grief puisque vous avez à manger du pain, du potage et des pois ? C'est pour moi une lourde charge, car souvent vous me faites honte. » Mais la vieille, que rien ne trouble, dit : « Je voudrais dorénavant que vous m'accordiez grand honneur : vous le devez à votre mère. » Le prêtre répond : « Par saint Pierre, vous ferez ce que vous pourrez. Vous ne mangerez plus mon pain ni ne coucherez sous mon toit. — Je le ferai ! — Pas du tout. — Non ? fait la

vieille, je m'en irai devant l'évêque et lui dirai quelle
est votre façon de vivre, comment vous gâtez votre
belle. — Allez-vous-en, lui dit le prêtre ; vous êtes
méchante et grossière. Ne revenez jamais ici. »

Elle s'enfuit comme une folle et va tout droit trouver
l'évêque, tombe à ses pieds et porte plainte : son fils ne
l'aime pas, dit-elle, et ne veut lui faire aucun bien, pas
plus qu'il ferait à un chien ; tout son cœur est à sa
maîtresse, il n'a cure d'autre voisine ; elle a tout à sa
volonté. Lorsque la vieille eut débité ce qu'elle voulait
à l'évêque, celui-ci se borne à lui dire qu'il va signifier à
son fils de comparaître à jour nommé. La vieille femme
le salue et s'en va sans autre réponse. L'évêque donc
enjoint au prêtre de venir à son tribunal, car il veut le
tenir serré : s'il ne fait raison à sa mère, il pourra le
payer bien cher. Le temps passe et le jour arrive où
l'évêque siège à ses plaids ; on voit des clercs et d'autres
gens et des prêtres, au moins deux cents. La vieille n'y
a pas manqué ; elle est revenue chez l'évêque et lui
rappelle son affaire. Il lui demande de rester : lorsque
son fils arrivera, aussitôt il le suspendra en lui ôtant son
bénéfice. La vieille, nigaude et stupide, entendant
parler de suspendre, crut qu'on devait pendre son fils.
Elle songe : « Pauvre de moi ! Pourquoi donc ai-je
porté plainte ? Lorsque je suis venue au monde, des
diables m'ont jeté un sort, puisqu'on va pendre mon
cher fils, lui que j'ai tenu dans mes flancs. » Elle en a le
sang tout glacé et reste longtemps hébétée ; puis elle se
dit, la coquine, qu'elle fera croire à l'évêque que son
fils est un autre prêtre.

C'est alors qu'entre dans la salle un prêtre au ventre
rebondi ayant le cou rond et bien gras. Aussitôt la
vieille s'écrie : « Sire, sire, que Dieu me sauve ! mon
fils est ce gros prêtre-là. » L'évêque l'appelle aussitôt :
« Venez çà, prêtre dévoyé ! Dites-moi pourquoi vous
reniez votre mère qui est ici. Que Dieu de mon âme ait

merci ! J'ai grande envie de vous suspendre. Cette
femme compte sur vous, car elle est pauvre et miséra-
ble ; et vous vêtez votre maîtresse, richement, de vair
et de gris. Elle est vraiment en bonnes mains la rente
qui vous est versée. » Le prêtre fut tout ébahi de ce que
disait son évêque. « Sire, fait-il, que Dieu m'assiste !
depuis longtemps ma mère est morte. Je ne crois pas,
en vérité, avoir jamais vu cette vieille ; bien sûr, je ne le
dirais pas si je savais que c'est ma mère.

— Quoi ! dit l'évêque, par saint Pierre, je vois en
vous un mauvais prêtre : vous êtes faux et déloyal.
Vous allez être excommunié puisque vous reniez votre
mère ; je suis forcé de vous suspendre. » Pensant qu'il
serait suspendu, il tremble, éperdu de douleur, et crie
pitié à son évêque : il fera tout ce qu'il exige. « C'est
accordé, répond l'évêque. Prenez donc votre palefroi et
mettez dessus votre mère ; et gardez-vous que je
n'entende autre plainte à votre sujet. Portez-lui le plus
grand honneur et vêtez-la comme il se doit. »

Là-dessus le prêtre s'en va, ayant pris congé de
l'évêque ; il lui tarde d'être bien loin. Sur le col de son
palefroi, il porte devant lui la vieille à qui, malgré lui, il
le sait, il doit donner le nécessaire. A peine a-t-il fait
une lieue que, dans le fond d'une vallée, il croise le fils
de la vieille. Il l'aborde et en quelques mots le tient au
courant des nouvelles ; l'autre dit qu'à son tribunal
l'évêque vient de l'assigner : alors il reconnaît sa mère,
s'aperçoit qu'elle lui fait signe de passer outre bouche
close. Le gros prêtre dit : « Compagnon, quand vous
irez au tribunal, que Dieu vous donne un autre gain
que celui que j'ai récolté. A tort ou à raison, l'évêque
vient de me donner une mère. J'emporte cette horrible
vieille et il me faudra la garder. » A ces mots, le fils de
la vieille ne peut pas s'empêcher de rire : « Si vous
emmenez votre mère, n'en soyez pas découragé. —
Mère ! sire, lui répond l'autre. Mère ! au diable puisse-

t-elle être ! Jamais elle ne fut ma mère. » Le vrai fils
alors lui propose : « Si quelqu'un avait la bonté de se
charger de votre vieille, de la nourrir, de l'habiller, de
pourvoir à son entretien (à condition qu'elle y
consente), que donneriez-vous, beau doux sire ? »
L'autre lui répond : « Par saint Cyr, dont je suis
homme et chapelain, s'il est un clerc ou un vilain qui
veuille m'en débarrasser, et qu'il la vête et qu'il la
chausse, il en aurait cinquante livres. — A ce prix, je
vous débarrasse, fait-il, si vous me les donnez ; et
prenez garde d'y manquer. — Mais la vieille le voudra-
t-elle ? » Elle répond : « Que Dieu me voie ! J'y
consens, et bien volontiers. » Ainsi est conclu le
marché : le prêtre s'engage à payer. Désormais le fils
de la vieille peut dépenser à son plaisir, car l'autre lui
verse l'argent et s'acquitte en homme loyal.

Ici finit le fabliau que nous avons en rime mis pour le
conter à des amis.

(MR, V, 125 ;
T.B.W. Reid, *Twelve Fabliaux.*)

Le Vilain au buffet [1]

Vous saurez par ce fabliau qu'un comte avait un sénéchal hypocrite, avare et retors, un résumé de tous les vices. S'il avait eu quelques déboires, nul familier de la maison ne l'aurait plaint, sachez-le bien, tant il était porté au mal. Son maître obligeait-il quelqu'un, il enrageait ; peu s'en fallait qu'il n'en crevât de jalousie. Mais le comte, estimé de tous, indulgent, ne faisait qu'en rire, sachant que l'autre n'aimait guère voir des hôtes dans la maison. Et ce vilain, comme un pourceau, s'empiffrait, se bourrait la panse ; il sifflait du vin dérobé et mangeait seul, dans sa dépense, maints gras chapons et maints poussins. Là se bornait son ambition.

Un jour, le digne homme de comte envoie partout des messagers et fait savoir qu'il tiendra cour [2]. La Renommée, par le pays, en répand bientôt la nouvelle : on voit accourir aussitôt écuyers, chevaliers et dames. Tout est prêt pour les recevoir ; qui le veut peut franchir la porte. Il en arrive, à mon avis, qui chez eux n'ont pas eu leur soûl ni en hiver ni en été. Là, chacun peut se rassasier, à son gré, de viande et de vin, car tel est le désir du comte. « C'est aujourd'hui jouer de malheur, dit le sénéchal, ces gens-là n'y mettent guère de leur poche. Ils demandent ce qui leur plaît comme s'il s'agissait d'un œuf. Et j'en connais bien trente-neuf qui, j'en suis sûr, depuis longtemps, doivent se serrer la ceinture. »

Arrive Raoul, un vilain qui vient de laisser sa charrue. Le sénéchal tourne les yeux, jette un regard sur le bonhomme : un être laid, crasseux, hirsute ; il y avait bien cinquante ans qu'il n'avait porté coiffe en tête. Le mauvais cœur qui pousse à faire méchanceté et vilenie et cruauté et félonie met le sénéchal hors de lui. Il va au-devant du vilain, indigné, blême de colère : « Voyez cet avaleur de pois ! s'écrie-t-il. Par le Saint-Esprit, c'est malgré moi qu'il est ici. Il a dû se rouler par terre pour être frisé comme il l'est. Voyez cette mine réjouie ! Il en faudrait des écuellées de purée pour farcir son ventre. Qu'il soit torturé de coliques ! Et je souhaite qu'il en crève. » Ainsi le sénéchal épanche et sa fureur et son dépit. « Qu'il soit jeté dans les latrines celui qui t'a mené ici ! » A ces mots, avec sa main droite, l'autre fait un signe de croix. « Sire, dit-il, par saint Germain, je viens manger ; j'ai ouï dire qu'ici on a tout à son gré. Mais je ne sais pas où m'asseoir. — Tiens, je vais te prêter un siège », dit le sénéchal par risée. Levant la main il lui applique sur la joue une grande buffe et puis siffle pour le narguer. « Assieds-toi donc sur ce buffet que je te prête ; installe-toi. » Il fait apporter une nappe, dit qu'on lui donne viande et vin à discrétion, car il espère que le vilain va s'enivrer : de là prétexte à le rosser et à lui ôter toute envie de reparaître chez un comte.

Que pourrais-je vous dire encore ? On appelle les ménestrels et le comte leur fait crier qu'à celui d'entre eux qui dira ou fera la meilleure truffe, il donnera, en récompense, sa robe neuve d'écarlate. Tous les ménestrels s'encouragent à bien exercer leurs talents : l'un fait l'idiot, l'autre l'ivrogne ; l'un chante et l'autre l'accompagne ; un autre récite un débat et les jongleurs

jouent de la vielle. Celui-ci conte un fabliau où les bons
tours ne manquent pas, et celui-là dit l'Herberie, un
récit des plus réjouissants[3]. Le vilain songe à se venger
de l'affront qu'il vient de subir ; mais pour le faire, il
veut attendre que tous les jongleurs se soient tus. A ce
moment le sénéchal s'approche du comte et lui parle ;
alors le vilain prend sa nappe, tranquillement, sans se
presser, va devant le comte et regarde le sénéchal qui
n'y prend garde, tout entier à son entretien. Et le vilain
lève la main, une main épaisse et calleuse : il aurait
fallu, je crois bien, aller jusqu'au pays de Galles pour
trouver gaillard mieux pourvu. Il lui assène un grand
soufflet et lui dit : « Voici le buffet et la nappe que je
vous rends. Je ne veux pas les emporter : c'est mauvais
marché de prêter à celui qui ne sait pas rendre. »
Aussitôt tous les gens du comte veulent corriger le
vilain ; ils ont pitié du sénéchal qui se jette aux pieds de
son maître. Celui-ci dit qu'il veut savoir pourquoi le
vilain l'a frappé et puisqu'il l'ordonne, ils se taisent. Il
interroge le vilain : « Vraiment tu as eu de l'audace de
le gifler en ma présence. Tu t'es mis dans de mauvais
draps, car c'est une très lourde faute : je vais t'envoyer
en prison. — Sire, dit l'autre, écoutez-moi, accordez-
moi quelques instants. Quand je suis arrivé ici, j'ai
trouvé votre sénéchal, un triste et vilain personnage,
qui m'ayant abreuvé d'injures, m'allongea une grande
buffe et me dit, pour me brocarder, d'aller m'asseoir
sur ce buffet, ajoutant qu'il me le prêtait. Après avoir
bu et mangé, sire comte, que faire d'autre sinon lui
rendre son buffet ? Je l'ai rendu devant témoins et sous
vos yeux, vous l'avez vu. Avant de vous laver les
mains, dites-moi si je suis coupable et si je dois être
arrêté. Il faut bien qu'on me tienne quitte : j'ai rendu
ce qu'on m'a prêté. Et me voici tout disposé à lui
rendre un autre buffet si le premier ne suffit pas. »
    Le comte Henri se met à rire, et le rire gagne la salle

pour se prolonger très longtemps. Le sénéchal ne sait que faire ; il tient sa main contre sa joue toute rouge et toute brûlante, furieux qu'on se moque de lui. Il eût riposté volontiers, mais il n'ose à cause du comte qui l'invite à se tenir coi. « Il t'a bien rendu ton buffet et tout ce qu'il avait à toi », lui fait le comte ; et au vilain : « Je te donne ma robe neuve ; c'est toi, de tous les ménestrels, qui as fait la meilleure truffe. — Ma foi, déclarent les jongleurs, sire comte, vous dites vrai ; il a bien mérité la robe. Jamais ne fut si bon vilain : il a payé le sénéchal et n'a pas manqué de lui rendre la monnaie de son insolence. » Et le vilain quitte la cour, emportant la robe du comte ; il dit, ayant franchi la porte : « Qui reste chez lui dépérit, et puis : Qui voyage en profite. Si j'étais resté au logis, je n'aurais jamais endossé de robe neuve d'écarlate. On dit : Qui bien chasse, bien trouve. »

(MR, III, 80.)

---

1. Le fabliau est fondé sur un jeu de mots : une buffe est une gifle ; quant au mot buffet, il désigne ici, non pas, comme le veut Montaiglon, un soufflet de cuisine, mais une sorte de banc (sens mentionné dans Godefroy). — En tête figure un ennuyeux prologue de vingt-six vers : le trouvère doit s'appliquer à composer des histoires comportant une leçon ; il convient d'en tirer parti et de ne pas imiter les hommes méchants qui ferment leurs oreilles en prétendant que ce sont là des mensonges. Qu'on écoute donc les fabliaux du conteur. Deux courtes digressions moralisantes sont mal liées au récit.

2. Cf. La Fontaine : *La Cour du lion* (*Fables,* VII, 6).

3. Il s'agit du célèbre *Dit de l'Herberie* de Rutebeuf, monologue comique, boniment d'un marchand d'herbes médicinales sur la place publique.

Le Prévôt à l'aumusse

Il y avait un chevalier — comme ce fabliau le conte — qui pouvait passer pour un comte. Il était riche et bien pourvu, et il avait femme et enfants selon la coutume et l'usage. Jamais, pendant plus de vingt ans, il ne chercha noise à personne. Aimé des gens de sa maison, il l'était de tout le pays. Un beau jour le désir lui vint de partir en pèlerinage pour prier le baron saint Jacques. Il avait chez lui un prévôt qu'il chargea de garder sa terre : un franc coquin, une canaille, mais que l'argent faisait valoir, comme il arrive à maints gredins. Ce prévôt s'appelait Grevais, un fils d'Erambaut Brache-Huche ; sur sa tête large et carrée, l'hiver, il portait une aumusse de bureau, chaudement fourrée.

Le chevalier, bien entendu, règle tout avant son départ. Un jour il quitte son logis pour entreprendre son voyage. Par plaines, par bois il chemine tant qu'il arrive à Compostelle : il offre plus de vingt deniers et prend le chemin du retour pour gagner tout droit sa maison. Le voici enfin parvenu à une journée de sa terre. Au petit matin il envoie l'un de ses écuyers pour dire à sa femme et à ses amis de venir au-devant de lui, afin qu'ils partagent sa joie ; il le prie de faire apprêter un beau repas, viande et poisson, avec de bons vins à plenté, pour que chacun boive à son gré. L'écuyer fait

donc diligence si bien qu'il arrive au château où on
l'accueille à bras ouverts. Les amis du chevalier
viennent le lendemain à sa rencontre ; c'est à grande
joie qu'ils l'escortent. Le repas était préparé : Grevais
ne s'est pas oublié ; il devance tous les convives et fait
mine d'être joyeux. Quant au maître, il a l'œil à tout et
prend soin de ses invités ; il veut honorer son prévôt
qu'il fait asseoir en bonne place auprès d'un riche
chevalier, devant le fils de Micleart. On sert, pour le
premier service, de grandes écuelles de pois, avec de
gros quartiers de lard. C'est un plat qui plaît au
prévôt ; le lard appétissant le tente et l'idée lui vient
aussitôt d'en dérober un beau morceau ; il se dit qu'en
le ménageant il le fera durer longtemps. Mais le
chevalier qui était son plus proche voisin de table,
devisant avec un ami, ne remarqua pas le larcin.
Derrière lui, l'autre se baisse, comme s'il voulait se
moucher, glisse le lard dans son aumusse qui était large
et très profonde et puis la remet sur sa tête, tout
comme si de rien n'était. Un valet porte au feu du bois
qui bientôt se met à flamber. Grevais eût voulu
s'écarter, mais il ne pouvait pas bouger assis juste à
l'angle du mur. Il commence à avoir trop chaud et le
lard fond sous son bonnet lui dégoulinant sur les yeux,
sur le visage et la poitrine, telle grasse viande de vache.
Devant lui servait un valet : voyant le prévôt mal en
point sous son aumusse bien fourrée, il se saisit d'une
baguette, il lui fait sauter son bonnet et le lard va
dégringoler sur le manteau du chevalier.

Oyez ce que fit le prévôt : d'un bond il enjambe le
feu, court au plus vite vers la porte. Mais les écuyers
qui servaient, ayant remarqué son manège, lui baillè-
rent un grand soufflet et l'étalèrent à plat ventre avant
de le rouer de coups. Au bruit viennent les cuisiniers :
sans demander ce qu'il en est, ils tirent des bûches du
feu et se précipitent sur lui. A coups de pied, à coups

de poing, à coups de bâton ils l'étrillent tant qu'ils lui meurtrissent les reins et lui font plus de trente plaies : le prévôt en chie dans ses braies. Ils finissent par le traîner hors de la maison par les bras et le jettent dans un fossé en compagnie d'un chien crevé.

La leçon de mon fabliau, c'est que les voleurs s'enrichissent mais que, pour la foi des pauvres gens, ils sont accablés de malheurs par Dieu qui fut mis sur la croix.

(MR, I, 7.)

Sire Hain et dame Anïeuse

par HUGUES PIAUCELE

Hugues Piaucele a composé ce fabliau pour vous prouver que tel qui a femme revêche est pourvu de mauvaise bête ; il le montre par la querelle d'Anïeuse [1] et de sire Hain. Sire Hain gagnait bien sa vie ; il excellait à réparer les cottelles et les manteaux. Mais sa femme Anïeuse et lui étaient en guerre tous les jours. Anïeuse ne cherchait guère à satisfaire ses désirs : avait-il envie de purée, elle lui cuisinait des pois, encore était-ce en rechignant ; et s'il voulait manger des pois, elle préparait, par malice, un peu de purée, et mal cuite. Elle tenait à contrarier son mari de tout son pouvoir : voulait-il avoir viande en pot, elle la préparait rôtie et la lui barbouillait de cendre afin qu'il ne pût en manger.

Il lui dit un jour : « Douce amie, allez m'acheter du poisson. — Oui, vous en aurez tant et plus, fait Anïeuse, par saint Cyr. Mais, dites-moi, mon beau doux sire, si vous voulez poisson d'eau douce. » Il lui répond d'une voix douce : « Non, poisson de mer, mon amie. » Anïeuse ne tarda guère, c'était femme maligne en diable. Sur le pont, elle voit Guillard qui était son cousin germain. « Guillard, il me faut peu de chose. Je veux avoir des épinoches. Mon mari (que mauvaises broches lui crèvent les yeux de la tête !)

voudrait du poisson à arêtes. » Et l'autre, qui ne vaut
pas cher, lui prépare les épinoches et les lui met dans
son assiette qu'elle couvre de son manteau avant d'aller
tout droit chez elle. Sire Hain, la voyant venir, lui dit :
« Soyez la bienvenue. C'est de la raie, du chien de
mer ? — Vous êtes loin de tomber juste. Voulez-vous
lier votre paille [2] pour me demander un tel mets ? Il est
fou, celui qui demande ce qu'on ne peut se procurer.
Vous savez bien — n'est-ce pas vrai ? — que toute la
nuit il a plu ; cela fait puer le poisson. — Puer ? lui dit-
il. Dieu merci, j'en ai vu porter par ici de fort bon, et
tout un panier. — Vous finirez par tant m'en dire, fait
Anïeuse qui le hait, que je vais tout jeter dehors. Honte
à qui le dit sans le faire. » Aussitôt, elle va semer les
épinoches dans la cour. « Dieu ! dit Hain, comme tu
me traites ! Je n'ose pas ouvrir la bouche. J'ai grand-
honte quand mon voisin entend que tu me fais des
scènes. — Bah ! vengez-vous, si vous l'osez. — Tais-
toi, femme de sale espèce, répond-il, laisse-moi tranquille. S'il ne fallait hâter l'ouvrage pour aller au
marché demain, tu me le paierais aussitôt. — Te le
payer ! dit Anïeuse. Par mon chef, je vous en dis
bouse ! Commencez donc quand vous voudrez. » Sire
Hain, qui est en colère, s'étant appuyé sur son coude, y
réfléchit quelques instants, puis il dit ce qu'il a en
tête : « Ecoute-moi donc, Anïeuse. Tel est mon avis :
il me semble qu'entre nous rien n'ira jamais si nous ne
pouvons en finir. — Eh bien, dites-moi donc encore,
répond-elle, si vous l'osez, où vous voulez en arriver.
— Mais oui, je peux bien vous le dire. Dès ce matin,
c'est entendu, je vais déchausser ma culotte et je
l'étendrai dans la cour. Et qui pourra la conquérir
montrera, par bonne raison, qu'il est maître de la
maison. — J'y consens, par les saints apôtres, dit
Anïeuse, de bon cœur. Mais si les braies étaient à moi,
qui donc pourrait en témoigner ? — Nous prendrons

dans le voisinage l'homme que nous aimons le mieux.
— Je le veux bien, prenons Simon et ma commère
dame Aupais. Quoi qu'il advienne du combat, tous les
deux veilleront au droit. Dois-je aussitôt les appeler ?
— Dieu, fait Hain, que tu es pressée ! Tu penses
posséder déjà la maîtrise de la maison ; auparavant, par
saint Clément, tu boiras amère boisson. Je suis tout
prêt à commencer. — Commencer ? dit dame Anïeuse,
je suis beaucoup plus impatiente que vous l'êtes de
commencer. Il n'y a plus qu'à appeler nos voisins. —
Oui, c'est entendu. — Sire Simon, sire Simon ! Venez
donc ici, beau compère et amenez-nous ma commère.
Vous verrez ce que nous voulons. — Je vous l'accorde
volontiers, dit Simon d'un ton débonnaire. »

Bientôt, voici les deux voisins assis l'un à côté de
l'autre. Sire Hain, sans omettre un mot, les met au
courant de l'affaire et leur expose la raison pour
laquelle il leur faut se battre. « Ah ! fait Simon, c'est
impossible qu'ainsi vous en veniez aux mains. »
Anïeuse dit : « Ecoutez : notre affaire est trop avancée
pour que nous puissions reculer. Je vous demande, par
saint Loup, d'être les témoins du combat et nous
ferons notre devoir. » Alors Simon prend la parole :
« Je ne puis vous réconcilier sans que vous éprouviez
vos forces. Anïeuse, c'est de ton poing seulement que
tu dois frapper. Sire Hain, je vous avertis, il n'est
d'autre arme que vos mains. — Je le jure par saint
Germain. Mais donnez-nous la liberté de commencer
notre bataille. Je n'ai qu'à déchausser mes braies d'où
vient toute notre querelle. » Que vais-je vous conter
encore ? Sire Hain ôte sa culotte qu'il jette au milieu de
la cour et chacun s'apprête à combattre. Sire Simon
garde la lice et verra les coups échangés.

Avant que Hain soit sur ses gardes, Anïeuse à pleins
bras le frappe. « Vilain, fait-elle, je te hais. Que dis-tu
de ce coup de poing ? — Ah ! dit Hain, horrible

traîtresse, tu viens déjà de me frapper ? Tu m'as
attaqué la première et je ne puis le supporter. Si le
Saint-Esprit veut m'aider, tu passeras mauvaise nuit.
— Je n'ai cure de vos menaces, car nous sommes sur le
terrain pour nous porter de mauvais coups. » Sire Hain
alors se déchaîne, plein de rancune et de fureur ; la
cour et l'enclos étaient grands, on pouvait bien s'y
retourner. Voyant l'autre foncer sur elle, Anïeuse ne
s'émeut pas, mais elle s'élance à son tour. Maintenant,
le jeu s'envenime, car sire Hain porte à sa femme un
coup si violent qu'il lui teint la peau en pers sur le
sourcil. « Anïeuse, dit-il, tu perds et je t'ai bien rendu
ta beigne. » Elle ne se démonte pas et bondit sur lui
sans tarder, lui porte un tel coup sur le front qu'il
tombe presque à la renverse. « De ce côté, dit Anïeuse,
vous vous étiez trop découvert. » Puis tournant ses
regards ailleurs, elle voit les braies étendues, sans
perdre un instant s'en empare. Elle les tient par la
ceinture, le vilain les prend par les jambes, chacun tire
de son côté. Bientôt l'étoffe se déchire et les morceaux
jonchent la cour ; il leur faut lâcher la culotte et
recommencer le combat. Sire Hain allonge à sa femme
telle gourmade sur les dents qu'elle a la bouche tout en
sang. « C'est pour toi, prends-la ! lui dit-il. Je ne t'ai
pas manquée, je crois ; en deux couleurs te voilà teinte ;
j'aurai les braies, quoi qu'il en soit. — Avant d'être à
demain matin, tu chanteras d'un autre ton, car tu ne
vaux pas deux merlans. Fils de putain, vilain puant,
penserais-tu m'avoir matée ? » A ces mots, folle de
colère, Anïeuse aussitôt le frappe en y mettant toute sa
force ; le poing ne manque pas son but, touche
l'adversaire à la tempe. Sire Hain accuse le coup et sous
la douleur ploie l'échine. « Vilain, dit-elle, tu as tort de
ne pas me laisser les braies.— Maintenant je suis
convaincu qu'en rien tu ne veux m'épargner. Mais je te
rendrai la pareille, car aujourd'hui je te tuerai. — Qui

tuerez-vous, sire vilain ? Si j'arrive à vous empoigner,
je vous ferai croire en mon Dieu ; vous ne me verrez
reculer. Loin de m'échapper, tu mourras. — Attrape
d'abord ces deux baffes, lui dit Hain, avant que je
meure. Il va cruellement t'en cuire si je puis avoir le
dessus. » Là-dessus, le combat reprend et de grands
coups sont échangés. Sire Hain est vif et ardent : il
n'est pas lent à s'escrimer. Il n'en peut mais, car
Anïeuse n'a pas peur de lui et le presse ; elle y va si bien
des deux poings que son adversaire chancelle.

Que pourrais-je vous dire encore ? Leurs habits sont
couverts de sang, tant ils ont reçu de horions. Anïeuse
le prend au corps ; elle est solide et point manchote.
Mais sire Hain d'un coup de hanche l'envoie au sol si
durement qu'il lui brise presque une côte. Pour la
dame, c'est un coup dur. Mais Anïeuse se relève et fait
quelques pas en arrière. Dame Aupais, qui garde la lice
en compagnie de son baron, voyant cela, en a grand-
peine. « Ah ! pour Dieu, fait-elle, Simon, parlons
maintenant d'une trêve. » Simon dit : « Laisse-moi en
paix. Si la femme avait l'avantage, me ferais-tu cette
prière ? Sûrement non, par saint Foursy. Attends donc
encore un moment que l'un des deux soit sur les dents.
Tu le prendras mal si tu veux. » En grand désarroi les
champions se saisissent par les cheveux. Hain tient sa
femme par les tresses ; elle le prend par la tignasse, tire
tant qu'il se plie en deux. Aupais là-dessus fait un signe
pour encourager Anïeuse. Simon, en voyant son
épouse manifester sa préférence, lui dit : « Aupais, tu es
en faute et je devrais te corriger. Si tu fais entendre ta
voix quand l'un des deux l'emportera, tu me le paieras,
par mes yeux. » Aupais, qui le craint, ne dit mot.

Après tant de coups échangés, dame Anïeuse a le
dessous. Hain l'accule contre une treille ; un grand
panier se trouvait là : ne surveillant pas ses talons, la
dame y tombe à la renverse. Sire Hain, la voyant ainsi,

a le mauvais cœur d'en sourire : « Anïeuse, fait-il, ma
sœur, tu es au paradis Bertrand[3], chante-nous le lai de
Tristan ou plus long chant, si tu en sais. Si j'avais ainsi
culbuté, tu m'aurais tenu bien serré. » Alors il saute
sur les braies, il les saisit et les enfile, puis se retourne
vers sa femme affalée au fond du panier, et sans le holà
de Simon, il l'eût joliment confessée. « Nigaud, ne va
pas l'achever. Tu as le dessus, je le vois. Anïeuse, en
veux-tu encore ? dit Simon pour se moquer d'elle. Sire
Hain par ce pugilat a bien rabattu ton caquet. Auras-tu
le verbe aussi haut que tu l'avais jusqu'à présent ? — Je
le jure par saint Grégoire, sire, rien ne m'eût arrêtée si
je n'avais fait la culbute. Mais prouvez-moi votre
amitié, beau sire, en me tirant de là. » Il dit : « Avant
que je t'en sorte, il faut me promettre d'abord de ne
plus jamais être en faute et de te tenir chaque jour à la
merci de sire Hain, sans jamais transgresser ses ordres.
— Ah, diable ! Mais s'il me malmène et si je puis lui
tenir tête, devrai-je rester sans défense ? — Ecoute ce
qu'a répondu, fait Simon, cette scélérate. Aupais, as-tu
bien entendu ? — Oui, vraiment, je ne suis pas sourde.
Je dois te blâmer, Anïeuse, d'avoir répliqué sur un ton
qui désormais n'est plus de mise ; il te faudra à l'avenir
tout faire au gré de son plaisir. Je ne puis te tirer de là
s'il ne donne son agrément. — Que ferai-je ? conseillez-
moi. — Ma foi, dit Aupais, à quoi bon, puisque tu n'en
tiendras pas compte ? — Pas du tout, belle douce amie.
J'agirai selon votre avis. — Il te faut donc, que Dieu
me garde ! aujourd'hui donner ta parole — bon gré mal
gré tu le feras — d'être aux ordres de ton baron,
comme femme honnête le doit, sans te regimber contre
lui, en quelque occasion que ce soit. » L'autre s'empresse de répondre : « Ma foi, je veux bien le promettre et je vous donne l'assurance d'être fidèle à mon
serment. »
Sire Hain, Simon et Aupais en riant conclurent la

paix. Ils la tirent de son panier, la ramènent à la maison
bien mal en point et gémissante. Mais dès ce jour-là,
Dieu merci, sir Hain jamais ne la vit contrecarrer ses
volontés. Anïeuse craignait les coups : aussi dut-elle
filer doux. Son mari s'en trouva très bien.

Avant de finir mon histoire, je vous le dis en vérité :
si votre femme a l'insolence de vouloir porter la
culotte, ne soyez pas assez nigaud pour le tolérer bien
longtemps. Agissez comme sire Hain en usa avec
Anïeuse, qui le méprisait de son mieux jusqu'au jour
où il réussit à lui frotter os et échine. Là, mon fabliau
se termine.

(MR, I, 6 ;
Gerhard Rohlfs,
Sechs altfranzösische Fablels.)

1. Dame Anïeuse, c'est dame Ennuyeuse. Le verbe anoïer
ou enoïer signifiait ennuyer. — «La dispute pour la culotte»
est un des thèmes favoris de l'imagerie populaire européenne.
Voir dans *L'Imagerie populaire des Pays-Bas* (Emile Van Heurck
et G.J. Boekenoogen, Paris, éd. Duchartre, 1930, p. 76) une
image à compartiments gravée sur bois ; dans *L'Imagerie pari-
sienne* (Pierre-Louis Duchartre et René Saulnier, éd. Gründ,
1944, p. 93), une estampe en taille-douce de la rue Saint-
Jacques intitulée : «Ambition de la femme pour parvenir à la
maîtrise de la culotte», et illustrée d'un texte tout à fait molié-
resque : «Comment, morbleu, Madame la Carogne, vous voulez porter la culotte et être le maître et me faire passer pour
un sot. Non, ma foi, cela ne sera pas ou Martin bâton jouera
son jeu. Je vous casserai la tête et les bras et vous pourrirez le
reste de vos jours dans un lit. — Cent diables, je porterai la
culotte, ou tu t'en iras à tous les diables et serai maîtresse malgré toi et malgré tes dents. Mon hôtesse et nos voisines le font
bien, je la veux être aussi et nous verrons beau jeu. J'en allons
rire fort, tiens bien, commence et je vais achever quand tu
devrais me tuer. Je porterai la culotte comme toutes les femmes

de Paris le font.» Bédier signale que la scène de ce fabliau est représentée sur une stalle de la cathédrale de Rouen.

2. «Voulez-vous perdre votre temps?» Après avoir battu le blé en grange, on mettait la paille en tas, comme le foin, sans prendre la peine de la botteler.

3. Selon Montaiglon, «être au paradis Bertrand» signifiait «être mal en point».

Boivin de Provins

par « LUI-MÊME »

Un vrai farceur, c'était Boivin. Un beau jour il se mit
en tête d'aller à la foire à Provins et de faire parler de
lui. Il exécute son projet : il s'habille de bureau gris,
cotte et surcot, et chape aussi ; il met des chausses de
bouras ; faits de solide cuir de vache, ses souliers n'ont
pas de lacets ; en homme qui sait plus d'un tour, il a
laissé pousser sa barbe un mois et plus sans la raser. Il
prend un aiguillon en main pour mieux avoir l'air d'un
vilain, se procure une grande bourse et met dedans
douze deniers, tout son avoir ni plus ni moins. Il va
dans la rue aux putains, droit vers la maison de Mabile,
la plus finaude, la plus rouée des femmes vivant à
Provins. Là, il s'assied sur une souche qui était devant
la maison ; il dépose son aiguillon et se tourne un peu
vers la porte. Ce qu'il fit, vous allez l'entendre.

« Ma foi, dit-il, en vérité, puisque je suis hors de la
foire, en lieu sûr et loin des passants, je devrais bien de
mon argent calculer moi-même la somme ; ainsi font
les gens avisés. J'ai, de Rouget, trente-neuf sous.
Giraut m'a pris douze deniers pour m'avoir aidé à la
vente. Qu'il aille donc se faire pendre puisqu'il a volé
mon argent ! Douze deniers à ce gueux-là ! Pourtant je
lui ai fait du bien, en pure perte, c'est ainsi ; et quand il
voudra labourer et qu'il devra semer son orge, il

viendra m'emprunter mes bêtes. Mais qu'on m'étrangle si jamais il peut tirer de moi profit. Je vais bien le mettre à sa place ! Maudits soient-ils, lui et sa race ! Mais je reviens à mon affaire. De Sorin j'ai eu dix-neuf sous et là je n'ai pas été fou car mon compère dam Gautier ne m'en donnait pas un tel prix et voulait avoir du crédit. J'ai bien fait de vendre au marché. Ainsi, voilà tout mon avoir. Dix-neuf sous et puis trente-neuf, c'est ce que m'ont valu mes bœufs. Je ne sais combien cela fait. Dieu ! si je mettais tout en compte, je ne saurais m'y retrouver ; si l'on m'en faisait le total, je serais des mois à comprendre à moins d'avoir fèves ou pois, chaque pois comptant pour un sou : je pourrais ainsi m'en tirer. Cependant je sais par Sirout que j'ai, des bœufs, cinquante sous qu'il a comptés, qu'il a reçus ; j'ignore s'il m'a escroqué ; il dit que deux setiers de blé, et ma jument, et mes cochons, et la laine de mes agneaux me rapportèrent tout autant. Deux fois cinquante et voilà cent, prétend celui qui fit mon compte : le tout, dit-il, monte à cinq livres. Mais je n'aurai pas de repos que ma bourse qui est bien pleine ne soit vidée en mon giron. »

Et les marlous de la maison disent : « Viens donc, Mabile, écoute ! Cet argent est à nous sans doute si tu fais entrer ce vilain ; il n'en peut faire bon usage. » Mabile répond : « Laissez-le, laissez-le toujours calculer, laissez-le compter tout en paix, car il ne saurait m'échapper. Cet argent-là, je vous le dois. Crevez-moi les yeux, je l'octroie, s'il en peut garder un denier. » Mais le jeu ira autrement qu'elle ne pense, ce me semble : le vilain ne compte et rassemble que les douze deniers qu'il a. Tant il compta et recompta qu'il dit : « Voilà cinq fois vingt sous. Maintenant il me faut cacher tout cet argent, ce sera sage. Mais une idée me vient en tête : si j'avais là ma douce nièce qui est fille de ma sœur Tièce, elle aurait en main mon avoir. Elle

s'en alla par folie hors du pays en autre terre ; je l'ai fait
souvent rechercher en bien des lieux, en bien des
villes. Hélas ! douce nièce Mabile, vous étiez de si bon
lignage ! Pourquoi avoir fait cette fugue ? Mes enfants
sont morts tous les deux, ma femme aussi, dame
Tiersant. Je n'aurai jamais joie au cœur avant d'avoir
revu ma nièce. J'entrerais chez les moines blancs ; elle
aurait ce que je possède et pourrait faire un beau
mariage. » Il exhale ainsi ses regrets.

Mabile sort au même instant, près de lui s'assied et
demande : « De quel lieu êtes-vous, prudhomme ? Je
voudrais savoir votre nom. — Mon nom est Foucher
de la Brouce ; mais vous ressemblez à ma nièce plus
que femme qui soit au monde. » Elle se pâme sur la
souche, puis, se redressant, elle dit : « Voilà tous mes
vœux accomplis. » Elle lui saute au cou, l'embrasse, lui
baise la bouche et la face sans paraître se rassasier ; et
l'autre, qui sait bien tromper, serre les dents et puis
soupire : « Belle nièce, je ne puis dire la grande joie
que j'ai au cœur. Etes-vous fille de ma sœur ? — Mais
oui, sire, de dame Tièce. — A cause de vous, reprend-
il, il y a certes bien longtemps que je n'avais eu de
plaisir. » Il la prend par le cou, la baise et tous deux
mènent grande joie.

Deux marlous sortent du logis. Ils demandent :
« Cet homme-là est-il natif de votre ville ? — Oui, c'est
mon oncle, dit Mabile, dont je vous ai dit tant de
bien. » Elle se tourne un peu vers eux, tire la langue et
tord la joue ; les marlous lui font la grimace. « Vraiment, c'est votre oncle ? — Vraiment. — Vous devez
tous deux en avoir grand honneur, nous n'en doutons
pas. Et vous prudhomme, ajoutent-ils, soyez sûr que
nous sommes vôtres. Par saint Pierre, le bon apôtre,
vous aurez l'hôtel Saint-Julien [1]. Il n'est pas d'homme
jusqu'à Gien qui puisse nous être plus cher. » Prenant
dam Foucher par les bras, ils le font entrer au logis.

« Maintenant, amis, dit Mabile, achetez-moi oies et chapons. — Dame, font-ils, un mot d'abord. Nous n'avons pas du tout d'argent. — Taisez-vous donc, mauvaises gens ! Engagez manteaux et surcots : au vilain de régler la note. L'écot vous sera bien payé, car vous aurez plus de cent sous. » Que vais-je encore vous conter ? Partis pour chercher la pitance, les ribauds sans tarder rapportent deux gras chapons avec deux oies. Et le vilain leur fait la moue sitôt qu'ils ont le dos tourné. Mabile leur dit : « Maintenant, hâtez-vous de tout préparer. » Représentez-vous les marlous plumant les chapons et les oies ! Quant à Ysane, elle s'empresse d'allumer le feu et s'affaire. Là-dessus, Mabile reprend l'entretien avec son vilain : « Oncle, dites-moi comment vont votre femme et mes deux neveux ; ils sont bien portants, je l'espère ? » Et le vilain de lui répondre : « Belle nièce, tous trois sont morts ; j'ai pensé périr de chagrin. Mais vous serez mon réconfort dans mon pays, dans notre ville. — Hélas ! hélas ! répond Mabile, je devrais en devenir folle ; mais si c'était après dîner, les choses sans doute iraient mieux. Hélas ! j'ai vu cela en rêve quand je dormais, la nuit dernière. — Dame, les chapons à la broche sont bien cuits et les oies aussi, dit Ysane pour les presser. Ma douce dame, il faut aller vous laver les mains sans tarder, et laissez là votre chagrin. » Les marlous lorgnent le vilain et celui-ci, qui n'est pas borgne, voit bien qu'on pense le duper. « Sire prudhomme, disent-ils, vous n'êtes guère raisonnable. Aux morts préférez les vivants. » Et les voilà tous attablés ; ce n'était pas dîner pour rire : tout leur fut servi à plenté. Les meilleurs vins ne manquaient pas : ils font bien boire le vilain, espérant lui tourner la tête ; mais celui-ci ne les craint pas. Il glisse une main sous sa chape et feint d'en tirer de l'argent. « Bel oncle, que cherchez-vous là, fait Mabile, dites-le-moi ? — Je sais et je vois, belle nièce, que ce repas vous

coûte cher. Je vais donner douze deniers. » Mabile et
les marlous protestent : « Vous ne paierez pas un
denier. »

Quand le repas fut terminé et qu'on eut enlevé la
table, Mabile pria les marlous d'aller faire un tour dans
la rue : « Prendre l'air vous fera du bien après cet
excellent dîner ; songez maintenant au souper. » Sur
ce, les deux ribauds s'en vont ; derrière eux on ferme la
porte. Mabile demande au vilain : « Oncle, pendant
votre veuvage — répondez-moi sans rien cacher —,
avez-vous fréquenté des femmes ? Pour supporter
manque de femme, vraiment il faut être bien fou ! Se
passerait-on de servante ? — Jamais, depuis plus de
sept ans. — Depuis si longtemps ? — Oui, au moins.
Cela ne me tourmente guère. — Taisez-vous, oncle,
Dieu vous aide ! Mais regardez-moi cette fille ! » Elle
bat sa coulpe trois fois : « Oncle, j'ai fait un gros péché
en l'enlevant à sa famille. Son pucelage est un trésor.
Mais vous l'aurez, car je le veux. » Mabile fait signe à
Ysane, d'un clin d'œil, de couper la bourse. Ysane est
bientôt devancée : dam Foucher tranche les cordons,
glisse la bourse en son giron et la cache sur sa chair
nue. Là-dessus, il rejoint Ysane, tous deux s'en vont au
lit ensemble et le vilain prend son plaisir… Remontant
ses braies, il regarde les cordons pendants de sa
bourse : « Hélas ! fait-il, pauvre de moi ! J'ai fait bien
mauvaise journée ! Nièce, on vient de voler ma
bourse : cette femme me l'a coupée. » L'entendant,
Mabile est en joie, convaincue que c'est vérité et
pensant tenir le magot. Aussitôt elle ouvre la porte.
« Dam vilain, dit-elle, dehors ! — Mais faites-moi
rendre ma bourse ! — Vous aurez corde pour vous
pendre. Sortez vite de la maison avant que je prenne un
bâton. » Et elle brandit une bûche. L'autre s'en va,
craignant les coups ; on lui claque la porte au cul.
Autour de lui les gens s'attroupent et le vilain leur

montre à tous que sa bourse a été coupée. Mabile alors dit à Ysane : « Donne-moi la bourse bien vite : le vilain va chez le prévôt. — J'en atteste saint Nicolas, fait Ysane, je ne l'ai pas et je l'ai pourtant bien cherchée. — Peu s'en faut que je ne te brise, sale pute, toutes les dents. N'ai-je pas vu les deux cordons que tu as coupés, je le sais ? Penses-tu la garder pour toi ? Si je dois dire un mot de plus... Vieille pute, donne-la vite ! — Dame, comment vous donnerais-je, dit l'autre, ce que je n'ai pas ? » Mabile alors bondit sur elle, la saisit par ses longs cheveux ; elle la renverse par terre, coups de poing pleuvent et coups de pied. « Laissez-moi, je vais la chercher et finirai par la trouver si vous voulez bien me lâcher. — Eh bien ! va-t'en, et sans tarder. » Mabile fouille la paillasse, espérant y trouver la bourse. « Dame, écoutez-moi, dit Ysane. Puissé-je perdre corps et âme s'il me fut donné de la voir. Vous pouvez me tuer ici. — Par Dieu, pute, tu en mourras. » Par les cheveux et par la robe, elle l'a traînée à ses pieds. Ysane crie : « A l'aide ! à l'aide ! »

De la rue, son marlou l'entend, et il accourt à toutes jambes. Il bat la porte à coups de pied et la fait voler hors des gonds. Il saisit Mabile au collet, la tire si bien qu'il l'arrache et qu'il lui déchire sa robe ; et la voilà nue jusqu'au cul. Puis il la prend par les cheveux et lui donne de grands coups de poing sur le visage, sur les joues qui deviennent perses et bleues. Mais elle reçoit du secours ; son ami accourt à ses cris. Et aussitôt, sans plus attendre, les ribauds en viennent aux mains. Vous auriez pu voir la maison s'emplir de marlous, de putains. Chacun au combat met les mains : tous de s'arracher les cheveux et de faire voler des bûches ; leurs vêtements sont en lambeaux ; ils se renversent l'un sur l'autre. Les marchands courent pour les voir la tête couverte de sang. C'était une rude bataille. Et beaucoup de gens s'en mêlèrent qui ne partirent pas jolis : tel entra avec robe vaire qui sortit avec robe pourprè.

Boivin alla voir le prévôt et sans en omettre un seul mot lui confessa la vérité : et le prévôt l'a écouté, car il aimait bien les bons tours. Il lui fit raconter sa vie à ses parents, à ses amis qui s'en sont beaucoup amusés. Boivin resta trois jours entiers et le prévôt prit dans sa bourse dix sous qu'il donna à Boivin qui fit ce fableau à Provins.

(MR, V, 116 ;
Jean Rychner, II, 110-119.)

1. Avoir «l'hôtel Saint-Julien», c'est être bien hébergé, et même hébergé gratuitement, comme l'étaient les pèlerins que saint Julien l'Hospitalier accueillait dans son hôtellerie sur les bords du Gardon. Le matin, avant de se mettre en route, les voyageurs priaient saint Julien :

> *Tu as dite la patenôtre*
> *Saint Julien à ce matin,*
> *Soit en roman, soit en latin,*
> *Et tu seras bien hostelé.*

Ainsi, dans un conte de La Fontaine (II, 5, *L'Oraison de saint Julien*), Renaud d'Ast prie saint Julien pour qu'il lui épargne «de mal gîter». Nombreuses étaient les auberges à l'enseigne de saint Julien l'Hospitalier.

Les Trois Dames de Paris

par Jean Watriquet Brassenel

Colin, Hauvis, Jetrut, Hersent autrefois avaient
l'habitude de conter de belles histoires pour les fêtes et
les veillées. Aujourd'hui partout à Paris, dans les
maisons et dans les rues, on s'entretient de ce que
firent il n'y a pas longtemps trois femmes. En quelques
mots je le dirai si vous voulez bien m'écouter. Je ne
ferai pas de mensonge : cette histoire est vérité pure ;
jamais en nul pays du monde n'arriva pareille aventure.

C'était en l'an 1320, au grand jour des rois de
Cologne[1]. Le matin, avant la grand-messe, la femme
d'Adam de Gonesse et sa nièce Marion Clippe voulu-
rent aller à la tripe[2] et y dépenser deux deniers. Elles
partent sans plus tarder pour aller chez Perrin du
Terne : c'était un nouveau tavernier. Et comme elles
pressaient le pas, impatientes d'arriver, il leur advint
de rencontrer dame Tifaigne la coiffière qui dit : « Je
sais vin de Rivière[3] si bon que tel ne fut jamais. En
boire, c'est la vraie santé, car c'est un vin clair et
brillant, fort, fin, frais, friand sous la langue, doux et
plaisant à avaler. Où on en boit il faut aller : aucun vin
n'aurait tel bouquet. Y resterait-on trois jours pleins,
on ne saurait nous y trouver. L'hôte à chacune
volontiers nous fera crédit de dix sous. — Que celle qui

parla si bien ait le corps béni et absous, répondit Margue ; allons-y donc. S'il y fait bon, Dieu me conduise. »

Toutes trois prennent le chemin de la taverne des Maillets. Avec elles vint un valet ; c'était le fils Drouin Baillet ; grâce à lui, je connais l'histoire, car il leur servit à manger et leur apporta à leur gré tout ce qu'on peut trouver de bon. Il fallait les voir jouer des dents, emplir et vider les hanaps : en un rien de temps, je crois bien, quinze sous furent dépensés. « Rien pour moi n'aura de saveur dans ce repas, dit Margue Clouve, si nous n'avons une oie bien grasse avec des aulx plein une écuelle. » Drouin enfile la ruelle, va courant chez le rôtisseur. Il prend une oie, et puis des aulx de quoi remplir tout un grand plat, et pour chacune un gâteau chaud ; il ne s'attarde pas en route. Quel tableau de les voir tâter des aulx piquants et de l'oie grasse qui fut mangée en moins de temps qu'il n'en fallut pour la tuer ! Et Margue commence à suer, et boit à grandes hanapées. En un clin d'œil furent vidées trois chopines dans son gosier. « Dame, j'en atteste saint Georges, dit Maroclippe sa commère, ce vin me fait la bouche amère ; ce que je veux, c'est du grenache. Me faudrait-il vendre ma vache[4], j'en aurai au moins un plein pot. » Elle hèle à grands cris Drouin et lui dit : « Va nous apporter, pour nous ragaillardir la tête, trois chopines de bon grenache. Garde-toi de nous faire attendre. Apporte des oublies, des gaufres, amandes pelées, du fromage, des noix, du poivre, des épices, que nous en ayons à plenté pour florins et pour gros tournois. » Drouin galope et elle entonne par jeu une chanson nouvelle ! « Commère, menons grande joie ! Le vilain paiera la dépense mais au vin ne goûtera pas. »

Chacune ainsi prend du bon temps. Drouin apporte le grenache et le verse dans les hanaps : « Ma com-

mère, buvons-en bien, dit Marie à dame Fresens. C'est
du vin, pour garder sa tête, bien meilleur que le vin
français. » Chacune de lever son verre. Aussitôt, en un
tournemain, tout fut lapé et englouti. « Ce méchant
pot est trop petit, dit Marion, par saint Vincent, et
vraiment nous n'avons pas peur de boire le quartier
d'un cent. Je n'ai fait que goûter au vin. J'en veux
encore, il est si bon. Va, Drouin — Dieu te vienne en
aide ! —, et rapporte-nous-en trois quartes. Avant que
tu partes d'ici tout sera lampé. » Drouin court ; il
revient le plus tôt qu'il peut et donne à chacune son
pot. « Tiens, camarade bienvenu, mange un morceau
et bois un coup. Cela vaut mieux que vin d'Arbois ou
que vin de Saint-Emilion. — C'est bien vrai, répond
Marion. Que mon pot soit plein jusqu'aux bords,
bientôt il n'en restera goutte. — Que tu as la gorge
gloutonne, dit Maroclippe, belle nièce ! Je ne le boirai
pas d'un coup, mais le boirai à petits traits, pour mieux
le garder sur la langue. Il est bon de faire un soupir un
instant entre deux lampées : ainsi plus longtemps reste
en bouche la douceur du vin et sa force. »

Chacune se met en devoir d'engloutir son pot de
grenache et personne ne pourrait croire comment elles
s'y employèrent. Du matin jusqu'à la mi-nuit elles
menèrent vie joyeuse, ayant toujours le hanap plein.
« Je voudrais m'en aller dehors, dit Margue Clippe,
dans la rue danser sans que nul ne nous voie. Cela
couronnera la fête. Nous nous découvrirons la tête et
mettrons notre corps à l'air. — Vous laisserez ici vos
robes, dit Drouin, en guise de gage. » Et Drouin les
pousse dehors chantant chacune à pleine voix :
« Amour, au vireli m'en vais[5]. »... Leurs pauvres
maris les croyaient toutes trois en pèlerinage...

(MR, III, 73.)

1. Entendons le jour de l'Épiphanie. La légende veut que les trois Rois mages soient allés à Cologne. Parmi les œuvres d'art conservées dans la cathédrale se trouve un précieux reliquaire (début du XIIIᵉ siècle) contenant les prétendus ossements des trois rois.

2. «Aller à la bouffe», dirait-on aujourd'hui en beau langage.

3. La partie du vignoble rémois «à laquelle est attaché le nom significatif de Rivière se déploie de la partie méridionale du diocèse, sur les versants qui dominent les berges de la Marne, aux environs d'Épernay et d'Hautvillers». Le vin de Rivière est le «vin le plus estimé des vins de la Champagne viticole» (Roger Dion, *Histoire de la vigne et du vin en France*, p. 231). Faut-il rappeler que le champagne mousseux ne remonte qu'au XVIIIᵉ siècle?

4. Paris avait gardé, au XIVᵉ siècle, un caractère passablement rustique. On fanait sur les bords de la Seine et on élevait des vaches dans la ville même et dans les proches faubourgs.

5. La seconde partie du fabliau offre assez peu d'intérêt. Les trois commères, que Drouin a déshabillées pour s'approprier leur garde-robe, gisent ivres mortes dans la rue, «plus embouées que pourceaux»: spectacle qui attire les badauds. On finit par les porter au cimetière des Innocents où on les enterre. La nuit venue — il est surprenant qu'elles n'aient pas été étouffées! —, elles se raniment, réussissent à se dégager et font quelques pas; se croyant encore à la taverne, elles appellent Drouin: «Drouin, qu'es-tu donc devenu? Apporte trois harengs salés et un pot de vin, du plus fort, et ferme la grande fenêtre.» Surprises par le froid, elles s'évanouissent. Les retrouvant au petit matin, celui qui les a enterrées pense que ce sont des diablesses: «Tout le cœur du ventre m'en tremble!» dit-il. Les trois dames finissent par s'enfuir et chacune regagne son «refuit» — son refuge.

Le Souhait contrarié[1]

par Jean Bodel

Je vais vous dire en quelques mots une aventure que
je sais, car on me l'a contée à Douai, celle d'une femme
et d'un homme, un brave homme, une femme honnête. Quel était leur nom, je l'ignore ; mais je puis bien
vous affirmer qu'ils s'aimaient beaucoup l'un et l'autre. Le prudhomme un jour s'en alla hors du pays pour
son commerce ; il acheta des marchandises et fut trois
mois loin de sa terre. Ne supposez pas que sa femme
fut chagrinée de le revoir. Elle fit fête à son seigneur,
comme le voulait son devoir, et n'eut jamais de joie
plus grande. L'ayant étreint et embrassé, pour qu'il
soit à l'aise elle avance un siège bas et confortable. Un
repas était préparé ; quand bon leur sembla ils mangèrent sur un coussin devant le feu qui était clair et sans
fumée et qui brillait d'un vif éclat. On leur servit
viande et poisson, et vin d'Auxerre et de Soissons,
bonne chère sur nappe blanche. La dame apportait
tous ses soins à gâter son seigneur et maître, lui
donnant les meilleurs morceaux, lui versant, à chaque
bouchée, du vin pour lui être agréable. Elle avait un
très grand désir de tout faire selon son gré car elle
attendait la pareille et comptait sur la récompense.
Mais elle fut mal avisée : elle le poussa tant à boire
qu'il fut assommé par le vin et quand il vint se mettre

au lit il oublia l'autre plaisir. Sa femme ne l'oubliait pas
en allant se coucher vers lui. Inutile de l'inviter : elle
était prête à la besogne. Lui n'avait cure de sa femme
qui eût bien attendu un peu sans dormir pour goûter
au jeu. Ne la croyez pas enchantée de voir son mari
endormi. « Ah ! comme il se conduit ! dit-elle ; on
croirait un vilain puant. Il devrait veiller et il dort !
Cela me fait beaucoup de peine, car il y a trois mois
déjà que je n'ai couché avec lui. Mais les diables l'ont
endormi ; je le leur laisse de bon cœur. » Et sans en
dire davantage, elle pense à ce qui l'excite, se gardant
bien de le secouer pour le tirer de son sommeil : il la
croirait dévergondée ! Elle finit par renoncer au désir
qu'elle avait de lui et s'endort pleine de dépit.

En dormant elle fit un rêve que je vous dirai sans
mensonge. Elle était dans un grand marché comme on
n'en vit jamais de tel. Il n'y avait étal ni aune, ni
baraque ni magasin ni table où l'on vendît fourrures,
toile de lin, tissus de laine, alun, brasil ou cochenille ou
autre denrée, croyait-elle. On ne vendait que vits et
couilles : il y en avait à foison. Les boutiques en étaient
pleines et les chambres et les greniers. Sans cesse
arrivaient des porteurs avec chariots chargés de vits. Ils
avaient beau être nombreux, ils n'étaient pas venus
pour rien, car chacun vendait bien les siens. Un beau
vit valait trente sous, et vingt sous un vit bien tourné.
On offrait vits pour pauvres gens ; ils en emportaient
un petit pour dix sous, pour neuf ou pour huit. On
vendait en gros, en détail. La dame a regardé partout et
s'est donné beaucoup de peine. En arrivant près d'un
étal, elle en vit un long et dodu, gros par-derrière et
gros partout. Le museau en était énorme et pour dire la
vérité on pouvait lui jeter dans l'œil une cerise de plein
vol sans que rien ne vînt l'arrêter et sans qu'elle n'allât
tout droit au fond du sac qui était tel que la palette
d'une pelle ; jamais on n'en vit de pareil. La dame,

voulant marchander, demanda le prix au vendeur :
« Même si vous étiez ma sœur, j'en voudrais pour le
moins deux marcs. Il est loin d'être méprisable, car
c'est le meilleur de Lorraine, excellent pour la mise en
perce. Prenez-le donc, je vous en prie, et, ce faisant,
vous serez sage. — A quoi bon de longs marchanda-
ges ? Si vous estimez n'y rien perdre, j'en donnerai
cinquante sous. Jamais vous n'en aurez autant ; j'ajoute
le denier à Dieu, afin que Dieu m'en donne joie. —
C'est un cadeau que je vous fais ; je ne veux rien vous
refuser et je suis sûr qu'un jour prochain, quand vous
en aurez fait l'essai, vous viendrez pour m'en reparler.
J'espère qu'en reconnaissance vous direz encore pour
moi beaucoup d'oraisons et de psaumes. » La dame
alors lève la main et l'abat de toute sa force, pensant lui
frapper dans la paume, mais cinglant la joue du mari
où les cinq doigts restent écrits. Le coup le secoue et le
cuit, de la barbe jusqu'à l'oreille. Voilà qu'en sursaut il
s'éveille ; la dame s'éveille à son tour ; elle eût bien
dormi plus longtemps car son plaisir se tourne en
peine : elle dit adieu à la joie dont elle était maîtresse
en rêve.

« Sœur, lui demande son mari, dites-moi à quoi vous
pensiez pour m'avoir donné un tel coup. Dormiez-
vous ? Ne dormiez-vous pas ? — Je ne vous ai pas
frappé, sire ; gardez-vous bien de le prétendre. — Par
notre amour et sans querelle, par la foi que vous me
devez, dites-moi à quoi vous rêviez et ne me dissimulez
rien. » Sans attendre, sachez-le bien, elle commence
son histoire et très volontiers lui raconte — ou
volontiers ou malgré elle — comment elle rêva aux vits,
comme ils étaient mauvais et bons, comment elle
acheta le sien, le plus gros et le mieux rempli,
cinquante sous et un denier. « Sire, voilà ce qu'il
advint. Il fallait toper pour conclure ; je pensais frapper
dans la main : c'est votre joue que j'ai frappée. J'ai agi

en femme endormie ; ne vous mettez pas en colère si j'ai commis une folie ; je suis coupable, je le sais, et vous prie de me pardonner. — Je vous pardonne, belle sœur, et que Dieu vous pardonne aussi. » Il lui saute au cou et l'embrasse ; il lui baise sa bouche tendre et son vit commence à se tendre, car elle l'échauffe et l'enchante. Il le lui planta dans la main ; quand il fut à peu près à point : « Dieu vous accorde son amour ! Par la foi que vous me devez, sœur, qu'aurait valu à la foire celui que vous avez en main ? — Sire, puissé-je voir demain, qui en aurait eu un plein coffre de pareils n'eût jamais trouvé personne pour lui faire une offre ou lui donner un peu d'argent. Même les vits des pauvres gens étaient tels qu'un seul en vaudrait au moins deux comme celui-ci. Personne, de près ni de loin, ne lui eût jeté un coup d'œil. — Sœur, lui répond-il, peu importe ; prends celui-ci, laisse les autres avant qu'on puisse trouver mieux. » Ainsi fit-elle, ce me semble, et c'est fort agréablement qu'ils passèrent la nuit ensemble.

Le mari était un bavard ; il raconta partout l'histoire si bien que l'apprit Jean Bodel, qui compose des fabliaux ; cette histoire lui parut bonne : il la mit à son répertoire.

(MR, V, 131 ;
Pierre Nardin,
Jean Bodel, Fabliaux.)

1. Un autre fabliau, *Le Rêve du moine* (*Romania*, XLIV), est une réplique, d'ailleurs assez médiocre, de celui-ci.

Les Quatre Souhaits de saint Martin [1]

C'est d'un vilain de Normandie qu'il est juste que je vous dise la bonne et merveilleuse histoire. Tous les jours il avait affaire à saint Martin qu'il invoquait s'il entreprenait un ouvrage. Etait-il gai, était-il triste, il se recommandait à lui. Toujours il nommait saint Martin [2].

Le vilain allait un matin à son labour, comme il se doit. Il n'oublia pas saint Martin : « Saint Martin, dit-il, allons-y ! » Et saint Martin lui apparut : « Vilain, fait-il, je t'aime bien, car tu ne veux rien commencer avant de m'avoir invoqué. Tu en seras récompensé. Laisse ton travail et ta herse; rentre chez toi le cœur léger. Sache bien — et je ne mens pas — que, si tu fais quatre souhaits, tu auras ce que tu désires; mais en souhaitant prends bien garde : tu ne pourras rien rattraper. » Le vilain l'en a remercié; il prend le chemin du retour, regagne joyeux sa maison. Il y sera mal accueilli. Sa femme, qui chausse les braies, lui dit : « Maudit sois-tu, vilain ! Aurais-tu laissé ton travail vu le temps qui se couvre un peu ? Le soir est loin d'être arrivé. Est-ce pour engraisser tes joues ? Tu n'aimes pas le labourage. Volontiers tu fais jour de fête ! Quel dommage d'avoir des bêtes et de n'en pas tirer profit. Te voilà déjà revenu et ta journée est bientôt faite ! —

Tais-toi, sœur, sans te chagriner, dit le vilain, nous sommes riches ! Soucis, travail, n'en parlons plus, car j'ai rencontré saint Martin : il m'a donné quatre souhaits ; je n'ai rien voulu souhaiter avant de t'en avoir parlé. Tu me donneras ton avis : ainsi je pourrai demander terre, richesse, or et argent. »

A ces mots, lui sautant au cou, la femme adoucit son caquet : « Sire, dit-elle, est-ce bien vrai ? — Mais oui, et tu vas le savoir. — Ahi ! fait-elle, doux ami, en vous je mettrai tout mon cœur pour vous aimer, pour vous servir ; vous devez m'en récompenser. Je vous demande, s'il vous plaît, que vous m'accordiez un souhait. Les trois autres seront à vous ; vous n'aurez qu'à vous louer de moi. — Tais-toi, dit-il, ma chère sœur ! A nul prix je ne le ferais. Folles pensées viennent aux femmes ; tu demanderais trois fuseaux de chanvre, de laine ou de lin. Je n'oublie pas que saint Martin m'a prescrit de bien prendre garde de ne souhaiter que des choses dont nous pourrions avoir profit. Je veux garder tous mes souhaits. J'aurais grand-peur, sache-le bien, si j'allais t'en octroyer un, que tu demandes telle chose dont toi et moi pourrions pâtir. J'ignore quels sont tes désirs. Si tu voulais que je sois ours, ou âne, ou chèvre, ou bien jument, je le serais tout aussitôt : aussi je redoute ton choix. — Sire, dit-elle, par ma foi, je vous jure de mes deux mains que vous resterez un vilain. Jamais vous n'aurez d'autre forme ! Je vous aime plus que nul homme. — Eh bien, ma sœur, je te l'accorde. Par Dieu, il te faut souhaiter ce qui pourrait nous profiter. — Par Dieu, dit-elle, je demande que vous soyez chargé de vits. Qu'il ne vous reste œil ni visage, tête ni bras, pied ni côté où partout ne soit vit planté ! Et qu'ils ne soient ni mols ni flasques, et que chaque vit ait sa couille ! Que toujours ils restent bandés : vous serez un vilain cornu ! »

Dès qu'elle eut formé son souhait, les vits sortirent

du vilain. Les vits lui sortent par le nez, de chaque côté
de la bouche. Il eut des vits longs et carrés, vits gros,
vits courts et vits en boule, vits courbes, vits aigus, vits
gras. Le vilain n'a pas d'os si dur d'où ne sortent vits à
miracle. Les vits lui sortent des genoux. Pour Dieu,
écoutez ces merveilles ! Les vits lui sortent des oreilles ;
et par-devant, en plein milieu, il lui sort un grand vit
du front, et par en bas et jusqu'aux pieds, le vilain fut
de vits chargé. Il était de vits revêtu et partout il était
cornu. Lorsqu'il se découvre ainsi fait : « Sœur, dit-il,
quel vilain souhait ! Tu m'as joliment arrangé. Plutôt
avoir été mort-né que d'être ainsi de vits chargé.
Jamais un homme tant n'en vit ! — Sire, dit-elle,
sachez bien qu'un seul vit ne me valait rien ; il était
flasque comme chiffe. Me voici bien pourvue de vits !
Et vous aurez cet avantage : désormais, où que vous
alliez, vous n'aurez rien à débourser. En souhaitant,
j'ai été sage. Il ne faut pas de vous chagriner : vous êtes
une bien belle bête. » Le vilain dit : « Je suis navré.
Mais c'est à moi de souhaiter. Puisses-tu avoir sur le
corps autant de cons que j'ai de vits ! » La voilà bien
accommodée : dans chaque œil il lui vint un con,
quatre sur le front côte à côte. Elle eut cons de toutes
manières : et con devant, et con derrière, con tors, con
droit et con chenu, et con sans poil et con velu et con
puceau et con étroit, et con petit, con de travers, et con
profond et con sur bosse, et con au chef et con aux
pieds. Le vilain nageait dans la joie. « Sire, dit-elle,
qu'as-tu fait ? A quoi bon former tel souhait ? — Tu le
sauras, dit le bonhomme. Un con ne me suffisait pas :
tu m'avais donné tant de vits ! Belle sœur, ne te trouble
point : jamais tu n'iras dans la rue sans être de loin
reconnue ! — Cela suffit, sire, dit-elle, car voici deux
souhaits perdus. Demandez donc que nous n'ayons ni
vous de vit ni moi de con. Il vous restera un souhait, et
nous pourrons être très riches. » Et le vilain souhaite et

dit qu'elle n'ait con et qu'il n'ait vit. Mais elle en fut bientôt marrie, car son con soudain disparut ; et le bonhomme, quand il vit que rien ne restait de son vit, se mit à trembler de colère. « Il faut employer, lui dit-elle, le dernier souhait qui nous reste : que j'aie un con et vous un vit ; nous nous trouverons comme avant. » Le bonhomme, une fois de plus, forma son souhait, mais ce fut sans dommage ni bénéfice : si son vit lui est revenu, ses quatre souhaits sont perdus.

Par ce fabliau vous saurez que celui-là n'est pas bien sage qui croit mieux sa femme que lui, car il en a honte et ennui.

(MR, V, 133 ;
Jean Rychner, II, 173-178.)

1. Un conte dont Joseph Bédier (*Les Fabliaux*, p. 212-228) a relevé plus de vingt variantes, dans les recueils orientaux comme dans les versions occidentales. «La donnée commune est simplement celle-ci : un être surnaturel accorde à un ou plusieurs mortels le don d'exprimer un ou plusieurs souhaits, qu'il promet d'exaucer. Ces souhaits se réalisent en effet ; mais, contre toute attente et par la faute de ceux qui les forment, ils n'apportent après eux aucun profit, quand ils n'entraînent pas quelque dommage.» Ce thème est celui d'une fable de Phèdre (*Appendix*, XV), d'une fable de Marie de France (*Dou vilain qui prist un folet*, XXIV) ; on le retrouve chez les conteurs du xvie siècle ; chez La Fontaine (*Les Souhaits*, VII, 5) ; chez Perrault *(Les Souhaits ridicules)*.

2. Saint Martin était un saint éminemment populaire. C'est lui que les personnages des fabliaux invoquent le plus souvent. Quantité de villages et d'églises paroissiales, en France, portent son nom ; «Martin» est le patronyme le plus répandu. Saint-Martin, qui présidait à la bonne chère, était, avec saint Julien, le patron des hôteliers et des cabaretiers, dont beaucoup avaient pour enseigne : *Au grand saint Martin*. La Saint-Martin (11 novembre) était l'une des grandes fêtes de l'année :

on allumait des feux de joie comme pour la Saint-Jean ; c'est
à la foire de la Saint-Martin qu'on embauchait les valets de
ferme, qu'on payait les fermages. — Dans un autre fabliau *(Le
Convoiteux et l'envieux)*, c'est encore saint Martin que rencontrent en route deux compagnons qui chevauchent ensemble.
« Que l'un de vous, leur dit saint Martin, me demande de lui
faire un don ; il l'obtiendra et l'autre aura le double. » Le
convoiteux se tait et, sous la menace, oblige son compagnon à
parler le premier. L'envieux demande de perdre un œil : ainsi
l'un devient borgne et l'autre aveugle.

Auberée

Qui voudrait venir près de moi m'entendrait dire un joli conte auquel j'ai beaucoup travaillé et qu'ainsi j'ai mis tout en rime.

A Compiègne était un bourgeois très avisé et très courtois, un homme cossu, haut placé. Il s'appliquait à faire honneur aussi bien au pauvre qu'au riche et n'était ni ladre ni chiche. Il avait pour fils un garçon qui mit à mal force deniers durant le temps de sa jeunesse ; de sa valeur, de sa largesse on parlait jusqu'en Beauvaisis. Son voisin était un pauvre homme, père d'une fille charmante dont le garçon fit connaissance ; il la courtisa très longtemps. La fille lui dit franchement qu'il devait la laisser en paix s'il ne voulait pas l'épouser ; mais s'il lui plaisait de la prendre pour femme, comme il se devait, elle en aurait beaucoup de joie et accepterait volontiers. Le garçon dit : « Je le veux bien. » Après s'être ainsi engagé, le garçon va trouver son père et s'ouvre à lui de son dessein ; mais son père est d'un autre avis : il le désapprouve et le blâme : « Beau fils, dit-il, de cette affaire tu ferais bien mieux de te taire. La fille n'est pas de ton rang ni digne de te déchausser. Moi, je veux t'élever plus haut et, quoi qu'il puisse m'en coûter, mon désir serait de t'allier aux meilleures gens de ce pays. Je suis surpris de ta sottise quand tu veux prendre telle garce. Tu mériterais d'être tué si jamais tu m'en reparlais. » A ces mots, le fils a compris que tout est réduit à néant. Pourtant il ne veut pas céder : Amour, qui fait la loi aux siens, étreint le jeune homme, le brûle et lui met telle flamme au cœur qu'il ne pense qu'à sa pucelle.

Il arriva trois jours plus tard que vint à mourir dans la ville la femme d'un riche bourgeois. Mais quand un mois se fut passé, le bourgeois, vite consolé, sur le conseil de ses amis, vint s'aboucher avec le père de la pucelle gente et belle sur qui avait porté son choix celui dont je parle en mon conte. Le bourgeois va vite en besogne : il obtient la main de la fille et l'épouse le lendemain. Le garçon perd le goût de vivre, jour et nuit il pense à sa belle. Il n'est rien qui puisse lui plaire : il fuit tous les plaisirs mondains, il hait son or et son argent, hait la richesse qu'il possède, et jure qu'il s'est avili le jour qu'il écouta son père. Sa richesse, il la paie bien cher ! Il rumina longtemps sa peine, mais il ne pouvait rien trouver dont il eût quelque réconfort. Sa robe était en estanfort, mi-partie de rouge et de vert et de chaque côté ornée de garniture à longues queues. Son surcot était jusqu'au bord fourré de menu écureuil. Le pauvre, naguère épanoui, a maintenant la mine longue. Un jour il sort de son logis, la tête affublée d'une cape ; il s'en va musant dans la ville tant qu'il vient devant la maison de sa mie. C'était la saison où il fait chaud comme au mois d'août. Quoi qu'il lui pèse ou qu'il lui coûte, il lui faut trouver un moyen de pouvoir parler à sa belle. Il ne cesse d'y réfléchir quand il avise la maison d'une vieille, une couturière. Voici qu'il traverse la rue et qu'il s'assied sur la fenêtre. La vieille, qui sait plus d'un tour, lui demanda ce qu'il avait, lui qui toujours était si gai et de tous le plus estimé. Elle s'appelait Auberée : jamais ne fut femme

enfermée qu'elle n'entraînât à sa corde. Assis près
d'elle, le jeune homme lui conte, sans rien lui cacher,
comment il aimait la bourgeoise qui était sa proche
voisine. Peut-elle la lui faire avoir, il lui paiera
cinquante livres. « Je n'y manquerai pas, dit-elle : on
ne saurait tant la garder que vous ne puissiez lui parler.
Allez-moi chercher votre argent, je songerai à votre
affaire. » Il court chez lui, il ouvre un coffre où se
trouvaient force deniers que son père avait amassés. Il
prend l'argent et sans tarder il vient retrouver Auberée, lui montre les cinquante livres. Mais il n'est pas
encore quitte, car il doit mettre un autre écot.
« Donnez-moi donc votre surcot, lui dit la vieille, tout
de suite. » Et lui, qui veut lui obéir sans chercher à la
contredire, fait ce que la vieille demande, tant Amour
l'a en son pouvoir. Elle plie serré le surcot qu'elle glisse
sous son aisselle, se lève, met un mantelet, court au
logis de la bourgeoise. Auberée avait l'assurance que le
mari était sorti, car c'était un jour de marché. « Que
Dieu, dit-elle, soit céans ! Dieu soit avec vous, douce
dame, qu'il ait aussi pitié de l'âme de l'autre dame qui
n'est plus, ce dont j'ai beaucoup de chagrin : elle m'a
toujours bien reçue. — Soyez, dame, la bienvenue ;
Auberée, venez vous asseoir. — Ma dame, si je viens
vous voir, c'est afin de lier connaissance. Je n'ai pas
franchi votre seuil depuis la mort de la défunte, qui
jamais ne me fit refus quoi qu'il me fallût demander.
Certes l'aurais-je un jour priée de faire une chose un
peu grave, elle en eût été chagrinée, tant c'était femme
scrupuleuse. — Dame Auberée, que vous faut-il ? De
quoi manquez-vous, dites-le ? — Voici pourquoi je
viens à vous. Ma fille a la goutte au côté et voudrait de
votre vin blanc avec un de vos jolis pains, un seul, qu'il
soit des plus petits. Dieu merci, je me sens honteuse,
mais son état m'inquiète tant que j'ose m'adresser à
vous. Je n'ai jamais su quémander, mais, je le jure par

mon âme, je ne puis moi-même m'aider. — Vous aurez
ce que vous voulez quand j'aurai été aux retraits. »
Auberée connaît les usages et s'assoit près de la
bourgeoise. « Je suis, dit-elle, très heureuse qu'on dise
tant de bien de vous. Comment vous traite votre
époux ? Ne vous fait-il pas bon visage ? Ah ! que l'autre
lui était chère ! Elle obtenait tout à son gré. Je voudrais
bien voir votre lit afin de pouvoir m'assurer que votre
couche est aussi belle qu'était celle de l'autre femme. »
Là-dessus la dame se lève et dame Auberée après elle et
dans une chambre voisine les voilà entrées toutes deux.
Il y avait là bien des choses : beaucoup de vair,
beaucoup de gris, tissus de soie et de samit. La dame
lui montre un grand lit, puis elle dit : « Ici se couche
mon mari, et moi près de lui. La couette est toute en
bourre blanche et le lit a sa courtepointe. » La vieille
avait piqué l'aiguille avec le dé dans le surcot qu'elle
serrait sous son aisselle. Tandis que la dame du lieu lui
étalait tous ses trésors, elle en profita pour glisser le
surcot sous la courtepointe. « Certes, depuis la Pentecôte, je n'ai jamais vu si beau lit. Vous êtes plus gâtée
encore que le fut l'autre, ce me semble. » Toutes deux
sortent de la chambre et la vieille toujours jacasse.
Maintenant la dame lui donne un plein pot de vin, une
miche, une grande écuellée de pois avec une tranche de
lard. Auberée l'a bien attrapée et la bourgeoise ne
devine ni sa ruse ni sa malice.

Parlons maintenant du bourgeois qui, ayant réglé ses
affaires, venait d'arriver de la ville. Voulant un peu se
reposer, il sent sur le lit une bosse et pour savoir ce qui
le gêne il soulève la courtepointe : il en tire alors le
surcot. Lui plongerait-on un couteau dans le flanc il
n'en sortirait pas la moindre goutte de sang, tant le
voilà bouleversé. « Hélas ! fait-il, je suis trahi ; elle ne
m'a jamais aimé. » Il court à la porte, il la ferme, puis il
prend en main le surcot, car la jalousie l'a saisi et c'est

pis que le mal de dents. Endroit, envers, il l'examine
comme s'il voulait l'acheter. Il n'a membre dont il ne
souffre tant il est recru de colère. « Hélas ! se dit-il, que
penser de ce surcot ? Je suis certain qu'il est à l'ami de
ma femme. » Enfin il range le surcot et puis, s'accou-
dant sur son lit, se demande ce qu'il peut faire. Mais
plus il pense à son affaire et plus redouble son chagrin.
Et lorsque la nuit est tombée, qu'il voit clos les huis de
la rue, il saisit sa femme et la met à la porte de la
maison. Elle n'en sait pas la raison, de douleur croit
perdre le sens.

Mais dame Auberée la guettait : « Ma belle fille,
Dieu te garde ! dit-elle, que fais-tu ici ? — Ah ! dame
Auberée, sauvez-moi. Mon mari m'a cherché querelle,
je ne pourrais dire pourquoi. Quels ragots fit-on, je
l'ignore. Voulez-vous avoir la bonté de m'accompagner
chez mon père ? — Ah ! non, dit l'autre, par saint
Pierre. C'est ce que je ne ferai pas. Veux-tu que ton
père te gronde ? Il pensera que tu as joué un mauvais
tour à ton mari, ou fait vilenie de ton corps, et que, s'il
t'a mise à la porte, c'était pour t'avoir découverte en
compagnie de ton amant. Le vilain est ivre, sans
doute : demain il aura l'esprit libre. En bonne foi, je te
conseille de venir plutôt avec moi : maintenant les rues
sont désertes. Tu ne pouvais mieux employer le pain,
le vin, les pois, la viande que tu m'as naguère donnés ;
je veux te rendre poids pour poids ta largesse et ton
obligeance. Quoi que tu veuilles demander, tout sera
fait à ton plaisir : tu n'auras qu'à lever le doigt ; et tu
resteras bien cachée dans une chambrette, à l'écart, où
nul ne pourra te savoir, en attendant que ton mari ait le
temps de cuver son vin. » Alors la dame suit la vieille
qui l'emmène dans sa maison. « Belle, tu peux rester
ici une semaine en sûreté ; nul ne connaîtra ton
refuge. » Elles s'assoient pour le souper : la bourgeoise
fait fi des mets et déclare qu'à Dieu ne plaise qu'elle

mange avant de savoir pourquoi elle a eu cette honte.
Dame Auberée n'insiste pas et cesse de la sermonner ;
elle l'emmène se coucher dans une chambre toute
proche sur bonne couette et sur draps blancs et borde
avec grand soin son lit. Ayant fermé la porte à clef, elle
sort sans faire de bruit et s'en va plus vite qu'au pas
chez le garçon qui ne dort pas et se retourne dans son
lit. Il craint que la vieille n'oublie ce dont ils étaient
convenus ; il pousse de profonds soupirs et s'assied
tout nu sur sa couette ; puis il se lève pour aller
s'appuyer à une fenêtre. Auberée qui veut mériter d'un
bout à l'autre son salaire et servir au mieux le jeune
homme n'a pas musardé en chemin ; elle le trouve à sa
fenêtre. « Eh bien, fait-il, quelles nouvelles ? — J'en
dirai de bonnes et belles ; je tiens ton amie dans mes
lacs. Tu pourras prendre ton plaisir dès maintenant
jusqu'à demain. » Le garçon ne veut pas attendre ; il
descend bientôt l'escalier et puis tous deux s'en sont
allés. L'autre venait de s'endormir et lui, qui convoite
la belle, se déchausse et se déshabille. « Dame, si elle
se regimbe et qu'elle crie, que dois-je faire ? Je veux
agir selon vos ordres : vous m'avez toujours bien servi.
— Je te serai de bon conseil, fait la vieille. Va, couche-
toi, et si elle est récalcitrante, qu'elle crie, toi, sans plus
attendre, lève les draps, mets-toi dessous. Sitôt qu'elle
te sentira, la bourgeoise autrement fera. Du coup tu la
verras se taire et pourras faire ton plaisir. » Le galant
s'approche du lit et se coule près de la dame ; très
doucement il la caresse. Alors la bourgeoise s'éveille :
c'est une cruelle surprise. Le sentant, elle veut bondir
hors de son lit ; mais lui l'étreint et lui dit : « Belle,
approchez-vous, car je suis votre doux ami et pour
vous j'ai beaucoup souffert. Enfin, j'ai tant fait, Dieu
merci, que toute seule je vous tiens prisonnière dans
cette chambre. Je vous avais bien désirée. — C'est
peine perdue, lui dit-elle, car je pousserai de tels cris

qu'on verra accourir ici tous les habitants de la rue.
— Vraiment, lui dit-il, à quoi bon ? Vous ne récolteriez
que honte si bourgeois et petites gens vous voyaient
nue à mes côtés. Il est déjà près de minuit, et chacun
sera persuadé que j'aurai, à ma volonté, pris mon
plaisir de votre corps. Mieux vaut cacher au voisinage
qu'ici nous sommes l'un et l'autre ; que nul, hormis
nous trois, ne le sache. » Alors il l'attire vers lui, serre
sa taille fine et blanche et lui baise bouche et visage. La
bourgeoise ne sait que faire : se taire est sans doute plus
sage que d'être honnie de ses voisins. L'amoureux la
calme, l'apaise, la tient dans ses bras et la baise.
Puisqu'ils sont ensemble, ils vont faire ce pour quoi
ils sont réunis.

Au matin, quand l'aube est venue, sans tarder
Auberée se lève ; elle cuisine de son mieux viande de
porc, chapons rôtis. Maintenant on se met à table : ils
font grand honneur au repas, buvant et mangeant à
leur aise et tous deux trouvent à leur gré les bons
offices d'Auberée. Quand le soleil a fait sa course et
que la nuit est arrivée, Auberée va leur préparer ce
qu'elle sait qui leur convient. Ils sont heureux cette
nuit-là et restent couchés bras à bras sans dormir
jusqu'à ce qu'on sonne les matines à Saint-Cornille.
Sitôt qu'elle a ouï la cloche, Auberée se lève et
s'habille, vient au lit où ils sont couchés en devisant de
leur amour. « Debout, dit-elle, belle fille ! Toi et moi il
nous faut aller à l'abbaye de Saint-Cornille, car tu dois
te réconcilier maintenant avec ton mari. » Le garçon
eût bien protesté, mais il n'ose la contredire. « Laisse-
moi, ajoute la vieille, mener cette affaire à ma guise.
Tu pourras retrouver encore et ton amie et ton
plaisir. » Auberée avait huit chandelles chacune de
plus d'une toise ; elle sort avec la bourgeoise et les voilà
devant l'autel et l'image de Notre-Dame. Auberée, en
femme entendue, fait coucher la bourgeoise à terre :

qu'elle oublie vite sa querelle, car cela ne vaut pas trois noix ! La vieille avait fait quatre croix ; à la lampe où brille une flamme elle allume l'une après l'autre les chandelles qu'elle avait prises. Elle place l'une des croix à la tête de la bourgeoise, l'autre à ses pieds, l'autre à sa droite, et la quatrième à sa gauche. Elle s'approche et la rassure : « N'ayez ni crainte ni souci et gardez-vous, quoi qu'il arrive, de bouger jusqu'à mon retour et restez toujours étendue. — Dame, dit-elle, volontiers. »

Là-dessus la vieille s'en va tout droit au logis du bourgeois qui se tourmentait pour sa femme et ne savait quel parti prendre. Auberée, pour le réveiller, heurte à la porte à grand fracas. Le bourgeois, qui prête l'oreille, voudrait ouïr une nouvelle qui pût lui donner quelque espoir ; et vite il fait ouvrir la porte. Et lorsque la vieille est entrée : « Où est, dit-elle, le vaurien, le sauvage, le malappris ? — Dame, soyez la bienvenue ; que voulez-vous donc à cette heure ? — Je ne veux pas rester longtemps : je te dirai, hélas ! le rêve qui m'a tourmentée cette nuit ; je m'en suis réveillée de peur. Alors je me suis habillée, tant ce rêve me tracassait. A l'église, dans l'abbaye, j'ai vu ta femme qui gisait devant l'autel de Notre-Dame et j'en restai tout éperdue, et je ne savais que penser. Au chef, au pied droit, au pied gauche, je vis chandelles allumées. Oui, j'ai vu ta femme étendue en prières devant l'autel. Tu l'as vraiment trop mal traitée et pourras t'en battre la gueule. Devrait-on laisser toute seule femme d'une telle beauté ? Que la main de Dieu qui te fit puisse te bénir, Auberée ! J'en suis toute désespérée. Ce tendron qui est né d'hier devrait dormir sous sa courtine et faire grasse matinée. Tu l'envoies ouïr les matines ; aux matines, la pauvre femme ! Que la main de Dieu me bénisse, et me signe, et me signe encore ! Veux-tu en faire une bigote ? Qui traite ainsi sa jeune femme, que

la flamme d'enfer le brûle ! » Ainsi la vieille le distrait
des idées qu'il avait en tête. N'eût été ce maudit surcot,
il eût déjà tout oublié ; mais il demeurait en soupçons.
« Dites-vous vrai ? fait le bourgeois. — Levez-vous, et
vous pourrez voir, répond l'autre, si je vous mens. »
Le bourgeois se lève aussitôt car il ne veut pas qu'elle
reste étendue là-bas plus longtemps et tous les deux
vont à l'église où le mari trouve sa femme, comme
l'avait dit Auberée. Il s'approche, lui tend la main ; il la
met debout et l'assure que c'était pour avoir trop bu
qu'il lui avait cherché querelle. Puis ils regagnent la
maison et se recouchent l'un et l'autre. La dame se
couvre la tête car elle a besoin de dormir. Peu lui
importe la colère dans laquelle était son mari quand il
ne savait plus rien d'elle. De son côté, le mari pense
que sa femme a la tête vide tant elle a veillé et pleuré
et n'a pas cessé de prier nuit et jour au pied de l'autel.
Il reste en son lit auprès d'elle jusqu'à ce que le jour se
lève.

Le soleil était déjà haut ; le bourgeois se vêt et se
chausse et laisse sa femme couchée. Le voilà qui sort de
chez lui en faisant des signes de croix sur son corps et
sur son visage. Dame Auberée sort à son tour dans la
rue en poussant des cris : « Trente sous ! par la sainte
croix ! Que m'importe de vivre encore ? Trente sous,
pauvre malheureuse ! Trente sous, que ferai-je, hélas ?
Trente sous ! où vais-je les prendre ? Mon Dieu, je suis
trop malheureuse ! Trente sous ! me voilà perdue !
Vraiment, j'ai eu trop de malchance ! » Voici qu'arrive
le bourgeois. Auberée, l'ayant aperçu, crie encore de
tous côtés : « Trente sous ! hélas, trente sous ! Il
viendra chez moi le prévôt prendre le peu que je
possède. C'est bien le rêve que j'ai fait. — Que Dieu
vous aide ! Dites-moi, fait le bourgeois tout étonné,
pourquoi vous avez tel chagrin. — Par mon chef, je
vous le dirai et d'un mot je ne mentirai. Un jeune

homme vint avant-hier pour que je répare un surcot
auquel se trouvaient décousues trois ou quatre peaux
d'écureuil. Là-dessus j'allai prendre l'air, me sentant la
tête un peu lourde, tout en recousant le surcot. C'est
ainsi qu'avec ma couture, hélas! je sortis de chez moi
et que je perdis mon surcot. Me voici en telle détresse
que je ne sais plus où je suis. Que ferai-je? Dois-je
m'enfuir? Si je n'en puis trouver la trace, si personne
ne veut m'aider, on va, pour sûr, m'excommunier,
dimanche dans tous les moutiers. Je n'avais vraiment
pas besoin d'éprouver perte si cruelle. Beau sire,
écoutez bien ceci : Dieu me donne de voir Noël! J'ai
laissé pendre mon aiguille avec mon dé à ce surcot,
qu'hélas, il me faudra bien rendre. Le jeune homme
vient tous les jours : il me harcèle et me demande ou de
lui donner trente sous, ou de lui rendre son surcot.
Mais pour le rendre, comment faire? — Dites-moi
donc, dame Auberée, n'êtes-vous pas, ces jours der-
niers, venue ici, à la maison? — Oui, sire, ce fut dans le
but de recevoir quelque secours car ma fille était mal
en point. C'était avant-hier, je crois. Je trouvai la dame
en sa chambre : elle se peignait les cheveux. Sur un lit
était étendue une très grande courtepointe; jamais je
n'en vis de plus belle. Je m'attardai là si longtemps que
je m'endormis sur la couette. La dame alla me préparer
tout ce que j'avais demandé; c'est alors que je pris
congé. Ainsi advint-il ce jour-là. Mais, hélas! qu'est
donc devenu mon surcot? Peut-être, après tout,
l'aurais-je oublié sur le lit. » Ce que lui apprend
Auberée comble de plaisir le bourgeois. S'il venait à
trouver le dé? Jamais il n'aurait éprouvé une telle joie
dans sa vie. Il lui tarde d'avoir la preuve. Il regagne
alors sa maison, ouvre le coffre; il en retire le surcot
qu'il venait chercher, et lorsqu'il y trouve attachés à la
fois le dé et l'aiguille, lui donnât-on toute la Pouille
qu'il ne serait pas plus heureux. « Par le Seigneur

Dieu, se dit-il, je sais donc avec certitude que la vieille n'a pas menti puisque j'ai trouvé sa couture. » L'aventure le met en joie. Il rapporte à dame Auberée le surcot et s'en débarrasse. Ainsi la vieille a délivré le bourgeois de tous ses soupçons auxquels il n'a plus à penser. Une fois le surcot rendu, elle reçoit cinquante livres : un salaire bien mérité. Tous trois sont servis à leur gré.

Ce fabliau peut vous montrer qu'on ne trouve guère de femmes faisant vilenie de leur corps si une autre ne les y pousse. Telle suit bien le droit chemin et reste nette, pure et fine, s'il n'est femme qui l'en détourne. Ainsi mon fabliau prend fin.

(MR, V, 110 ;
Hans Helmut Christmann,
Zwei altfranzösische Fablels.)

Le Vilain de Bailleul

par Jean Bodel

Si l'on peut croire un fabliau, il arriva, m'a dit mon
maître, qu'à Bailleul[1] vivait un vilain qui, ni changeur
ni usurier, peinait sur des terres à blé.

Un jour, à l'heure de midi, il s'en revint très affamé.
Il était de taille étonnante, un vrai diable, à la laide
hure. Sa femme de lui n'avait cure, car il était sot et
hideux. Mais elle aimait le chapelain : elle et lui
s'étaient mis d'accord pour passer la journée ensemble.
Tout était déjà préparé ; le vin était dans le baril ; elle
avait fait cuire un chapon et le gâteau, je pense bien,
était couvert d'une serviette. Arrive le vilain qui bâille
et de faim et de lassitude ; elle court lui ouvrir la porte
sans se réjouir de sa venue ; c'était l'autre, bien
entendu, qu'elle eût préféré recevoir.

Elle lui dit, pour le tromper, en femme qui, du fond
du cœur, souhaitait qu'il fût enterré : « Sire, Dieu
veuille me bénir ! que vous êtes pâle et défait ! Vous
restent les os et la peau. — Erme, dit-il, je meurs de
faim. A-t-on fait bouillir les matons[2] ? — Oui, vous
mourez, j'en suis certaine ; vous n'entendrez rien de
plus vrai. Couchez-vous vite, vous mourez. Pauvre de
moi, quelle infortune ! Après vous, peu me chaut de
vivre, puisque vous allez me quitter. Mais, sire, vous
vous en allez ! Vous allez bientôt rendre l'âme. — Vous

moquez-vous de moi, dame Erme ? J'entends bien nos
vaches mugir ; je n'ai pas envie de mourir et pourrais
certes vivre encore. — Sire, la mort qui vous enivre
tant vous épuise et vous accable qu'il ne reste de vous
qu'une ombre ; elle va vous gagner le cœur. — Eh
bien, couchez-moi, belle sœur, fait-il, puisque je suis
perdu. » Elle s'évertue, de son mieux, à le leurrer par
ses mensonges. Dans un coin elle lui prépare un lit fait
de cosses de pois, de paille, avec des draps de chanvre,
puis le déshabille, le couche, lui ferme les yeux et la
bouche et se laisse choir sur son corps. « Frère, dit-
elle, tu es mort. Que Dieu ait pitié de ton âme ! Que
deviendra ta pauvre femme qui pour toi mourra de
douleur ? » Le vilain gît sous le linceul : il est
convaincu d'être mort.

La femme, maligne et finaude, aussitôt va trouver le
prêtre pour lui parler de son vilain et lui raconter sa
sottise. L'un et l'autre sont fort heureux qu'il en soit
ainsi advenu. Voici qu'ils reviennent ensemble, s'en-
tretenant de leur plaisir. Quand le prêtre a franchi la
porte, il se met à lire ses psaumes[3] et la femme se bat
les paumes. Mais si dame Erme excelle à feindre, avant
d'en arriver aux larmes, elle se lasse, elle abandonne ;
le prêtre écourte ses prières : à quoi bon recommander
l'âme ! Il prend la dame par la main, l'emmène dans un
autre coin. Il la défait, la déshabille et sur un lit de
paille fraîche tous les deux prennent leurs ébats, elle
dessous et lui dessus. Le vilain, couvert du linceul,
mais qui garde les yeux ouverts, ne peut ignorer le
manège : il voit bien la paille remuer et le chapelain
s'agiter. Il le reconnaît, c'est le prêtre. « Aïe ! aïe ! dit le
vilain au prêtre, affreux fils de putain, certes, si je
n'étais pas mort, vous auriez fort à regretter de vous en
être pris à elle ; nul n'eût été mieux corrigé que vous le
seriez, sire prêtre. — Ainsi, fait l'autre, c'est possible.
Seriez-vous encore vivant, votre corps aurait-il son

âme, je serais venu à regret; puisque vous êtes trépassé, je puis bien agir à mon aise. Tenez-vous coi, fermez les yeux, vous ne devez plus les ouvrir. » Le vilain clôt donc ses paupières et prend le parti de se taire. Quant au prêtre, il eut son plaisir sans inquiétude ni souci. Mais je ne puis vous affirmer si le lendemain au matin ils enterrèrent le vilain.

Le fabliau dit à la fin qu'on doit tenir pour fou celui qui croit mieux sa femme que lui.

(MR, IV, 109 ;
Pierre Nardin,
Jean Bodel, Fabliaux.)

1. Est-ce la petite ville du Nord, entre Hazebrouck et la frontière belge, ou le village du département de la Somme, au sud d'Abbeville ?

2. Boulettes de pâte cuites dans du lait ; ce sont les « galotes, le plus rassasiant de tous les mets », que mangeaient encore au xviiie siècle, selon Rétif (*Monsieur Nicolas*, édition originale, tome I, 1794, p. 234), les paysans bourguignons.

3. Les sept psaumes de la pénitence (dont le *Miserere* et le *De profundis*) qu'on récitait au chevet des défunts.

Le Prêtre qui fut mis au lardier [1]

C'est d'un savetier, afin qu'on en rie, que sans vilain mot je dirai l'histoire : un nommé Baillet, qui à son grand dam prit femme trop belle. Elle eut la faiblesse de s'amouracher d'un prêtre joli ; mais le savetier sut bien s'en tirer. Quand Baillet allait hors de sa maison, le prêtre venait, sans perdre de temps, pour fourbir l'anneau de la savetière [2]. Tous deux à leur gré prenaient leur plaisir ; ils se régalaient des plus fins morceaux et des meilleurs vins ne se privaient pas. Le bon savetier avait une fille d'environ trois ans qui parlait fort bien. Elle dit, tandis qu'il tirait l'aiguille : « Ma mère est fâchée quand vous restez là. » Baillet répondit : « Pourquoi, mon enfant ? — Parce que le prêtre a grand peur de vous. Si vous allez vendre vos souliers aux gens, on voit rappliquer messire Laurent ; il fait apporter des plats excellents, ma mère prépare tartes et pâtés. Quand la table est mise, on m'en donne assez ; je n'ai que du pain quand vous êtes là. »

Baillet est certain, l'ayant entendue, que la savetière n'est pas toute à lui. Il n'eut l'air de rien jusqu'à un lundi qu'il dit à sa femme : « Je vais au marché. » Elle, souhaitant qu'il fût écorché, lui dit : « Allez-y et dépêchez-vous. » Quand elle pensa qu'il se trouvait loin, elle manda l'autre qui, s'étant pourvu de quoi

festoyer, arriva joyeux. Alors elle fit préparer un bain.
Mais Baillet ne fut pas du tout honteux ; droit à la
maison il s'en revint seul. Le prêtre à coup sûr pensait
se baigner ; mais Baillet le voit, par un trou du mur, se
déshabiller. Il frappe à la porte, se met à crier ; sa
femme l'entend et ne sait que faire. Elle dit au prêtre :
« Mettez-vous bien vite dans ce lardier-là et ne sonnez
mot. » Rien de ce manège n'échappe à Baillet ; mais la
savetière l'appelle et lui dit : « Vous venez à point.
Sachez tout de suite que je m'attendais à votre retour :
aussi j'ai tenu prêt votre dîner et un bain bien chaud ici
vous attend ; je l'ai préparé par amour pour vous ;
prendre du bon temps vous est nécessaire. » Baillet,
qui voulait jouer d'un autre tour, lui dit : « Dieu
m'avait en tout point aidé, mais je dois encore aller au
marché. » Le prêtre caché en a grande joie ; il ne peut
savoir ce que veut Baillet. Baillet fait appel à tous ses
voisins ; il les fait bien boire et puis il leur dit : « Sur
une charrette il me faut hisser ce vieux lardier-là, car je
vais le vendre. » Le prêtre tremblait, tout glacé de
peur.

On fit aussitôt charger le lardier. Baillet sans tarder
va le transporter là où il a vu très grande affluence.
Quant au pauvre prêtre, resté prisonnier, il avait un
frère, un riche curé, qui savait déjà la mésaventure et
vint bien monté. Par une fissure au flanc du lardier le
prêtre le voit, se met à crier : « *Frater, pro Deo,
delibera me*[3]. » Baillet, l'entendant, s'écrie à son tour :
« Voyez, mon lardier a parlé latin ! Je voulais le
vendre, mais, par saint Simon, il vaut bien trop cher :
nous le garderons. Qui lui a appris à parler latin ? C'est
devant l'évêque qu'il faut l'amener ; mais je veux,
avant, le faire parler. Je l'ai eu longtemps, j'en veux
m'amuser. » Le frère du prêtre le pria ainsi : « Baillet,
veux-tu être toujours mon ami ? Vends-moi ce lardier
et, je te le dis, je l'achèterai quel qu'en soit le prix. »

Baillet répondit : « Mon lardier vaut cher : il parle latin devant tout le monde. » Vous allez comprendre comme il est madré. Voulant mieux le vendre, il prend un maillet ; il jure par Dieu qu'il va assener tel coup au lardier qu'il sera brisé s'il ne veut encore dire du latin. Alors autour d'eux la foule se presse ; bien des gens prenaient Baillet pour un fou, mais ils étaient sots. Il dit, par saint Paul, que du grand maillet qu'il porte à son cou, bientôt le lardier sera mis en pièces. Le malheureux prêtre, qui était dedans, ne savait que faire et perdait le sens : il n'osait se taire, il n'osait parler et il invoquait le roi débonnaire[4]. « Pourquoi, dit Baillet, faut-il tant tarder ? Si, méchant lardier, tu veux rester muet, tu seras brisé en mille morceaux. » Et le prêtre dit, n'osant plus attendre : « *Frater, pro Deo, me delibera. Reddam tam cito* ce qu'il coûtera[5]. » Baillet, l'entendant, s'écrie à tue-tête : « Tous les savetiers me doivent aimer, car je fais parler latin au lardier. » Le frère du prêtre lui dit : « Mon voisin, je vous en supplie, vendez ce lardier ; ce serait folie si vous le brisiez. Ne me traitez pas pis que vous pouvez. — Sire, au nom des saints, je le puis jurer : j'en aurai vingt livres de bons parisis ; mais il en vaut trente, car il est bien fait. » Le curé n'osa discuter le prix : il alla compter à Baillet vingt livres, puis il fit porter ailleurs le lardier ; il put délivrer son frère en cachette, et sut le tirer d'un bien mauvais pas en lui épargnant un grand déshonneur. Baillet eut vingt livres grâce à son astuce ; ainsi fut sauvé messire Laurent : je crois que depuis il perdit le goût de chercher maîtresse chez un savetier.

Par cette chanson je veux témoigner que du petit œil il faut se méfier. *Ex oculo pueri noli tua facta tueri*[6]. C'est par la fillette qui était jeunette que tout fut connu. Pas un tonsuré, même de haut rang, qui n'eût à la fin récolté le pis s'il s'était frotté à ce savetier. Vous, jolis garçons, il faut vous garder d'être mis un jour en un tel lardier.

(MR, II, 32.)

1. Ce fabliau — la conclusion l'indique — était destiné à être chanté. Le rythme en est fort allègre : des quatrains en vers de cinq syllabes alternent avec des quatrains de décasyllabes. Il sent, comme on disait, sa «clergie» et c'est sans doute l'œuvre d'un goliard. — Un lardier était un grand tonneau utilisé comme saloir. Les trois enfants ressuscités par saint Nicolas, selon la légende, sont souvent représentés debout, les mains jointes, dans un lardier de bois.

2. On songe à *L'Anneau d'Hans Carvel* (La Fontaine, *Contes*, II, 12).

3. Frère, au nom de Dieu, délivre-moi.

4. Périphrase souvent employée pour désigner Dieu.

5. Je te rendrai au plus tôt [ce qu'il coûtera].

6. Latin — disons peu classique — : «Garde-toi de laisser voir ce que tu fais par l'œil d'un enfant.»

La Bourgeoise d'Orléans [1]

Vous plairait-il d'une bourgeoise entendre la bien bonne histoire? Elle était née à Orléans et son mari était d'Amiens, un homme riche à démesure : du trafic comme de l'usure il savait les tours et les ruses et ce qu'il tenait dans ses mains était très fermement tenu. A la ville un jour arrivèrent, pour y étudier, quatre clercs, portant leurs livres et leur linge dans un sac pendu à leur cou ; c'étaient des garçons gros et gras, car ils avaient bel appétit. Ils étaient bien vus dans la rue où ils avaient trouvé un gîte. L'un d'eux, fils de riche famille, allait souvent chez ces bourgeois ; on aimait ses bonnes manières, car il n'était ni vain ni fat et la bourgeoise, assurément, se plaisait en sa compagnie. Tant il y vint, tant y alla que le mari se mit en tête de lui donner une leçon, soit par feinte, soit par parole, espérant bientôt arriver à le tenir à sa merci.

Il avait chez lui une nièce qu'il hébergeait depuis longtemps ; en secret il la fait venir et lui promet un cotillon pourvu qu'elle ait l'œil sur l'affaire et lui dise la vérité : elle accepte sans hésiter. Quant au clerc il a tant pressé la dame, il a tant fait sa cour qu'elle a cédé à ses prières. La nièce les épie si bien qu'elle arrive à savoir enfin comment ils ont tiré leur plan ; elle vient trouver le bourgeois et lui révèle leur accord : la dame avertirait le clerc si l'homme partait en voyage ; le galant viendrait à la porte d'un verger indiqué par elle : c'est là qu'elle irait le rejoindre quand il ferait tout à fait nuit. Le bourgeois, heureux d'être au fait, maintenant va trouver sa femme : « Il me faut aller, lui dit-il, là où m'appelle mon commerce. Veillez au logis, chère amie, comme doit faire femme honnête. Quand reviendrai-je ? Je l'ignore. — Sire, fait-elle, volontiers. » Il donne aux charretiers ses ordres et dit qu'il s'en ira gîter pour gagner du temps sur sa route à quelque trois lieues de la ville. La dame ne voit pas la ruse et vite en avertit le clerc. Le mari, voulant les duper, après avoir logé ses gens, vint à la porte du verger sitôt que la nuit fut tombée. La dame, sans faire de bruit, ouvre la porte de son clos ; elle l'accueille à bras ouverts, pensant que c'était son ami, mais son espoir sera déçu : « Soyez le bienvenu », dit-elle, se gardant bien de parler haut ; il rend le salut à voix basse. Tandis qu'ils vont par le verger, l'homme tient la tête baissée ; la bourgeoise se penche un peu, regarde sous le chaperon et découvre la fourberie. Elle se rend compte aussitôt que son mari veut la leurrer : elle lui rendra la pareille. La femme a meilleurs yeux qu'Argus ; depuis les premiers temps du monde elle excelle, par sa malice, à donner le change aux plus sages. « Sire, dit-elle, quelle joie de pouvoir vous avoir ici ! Je vous donnerai, de ma bourse, de quoi récupérer vos gages si vous taisez bien notre affaire. Venez avec moi sans façons ; vous trouverez une cachette dans un grenier dont j'ai la clef. Là, vous m'attendrez gentiment. Lorsque mes gens auront mangé et que tous se seront couchés, je vous mettrai sous ma courtine et personne n'en saura rien. — Dame, répond-il, c'est bien dit. » Dieu ! qu'il avait petite idée de ce qu'elle ourdit et prépare. L'ânier rumine quelque chose, mais son âne en médite une autre. L'homme aura bien triste logis.

Quand la femme l'eut enfermé dans le grenier à double tour, revenant à l'huis du verger, elle y rencontre son ami, l'accueille à bras ouverts, le baise. Le second est mieux partagé, à mon avis, que le premier : la dame laisse le bourgeois se morfondre dans la soupente. Ils ont traversé le courtil et sont arrivés à la chambre où les draps sont prêts dans le lit ; elle y fait entrer son ami et le met sous la couverture ; quant à lui bientôt il s'exerce au jeu que l'amour lui commande. Au prix de ce jeu tous les autres ne valent pour lui qu'une amande. Longtemps ils se sont amusés et bien baisés et caressés : « Ami, dit alors la bourgeoise, restez ici, attendez-moi ; je vais faire manger mes gens et nous souperons vous et moi bien en paix cette nuit encore. » Il répond : « Dame, à votre gré. »

Elle sort et va dans la salle, de son mieux réjouit ses gens ; et quand le repas est servi, tous à plaisir mangent et boivent. Avant qu'ils ne quittent la salle, elle leur parle aimablement. Il y avait là deux neveux de son mari, un porteur d'eau, trois chambrières et la nièce, deux valets, un homme de peine. « Seigneurs, dit-elle, Dieu vous sauve ! Et maintenant écoutez-moi. Un clerc fréquente la maison, vous l'avez souvent vu venir, qui ne peut me laisser en paix. Depuis longtemps il me courtise ; je l'ai rabroué trente fois. Voyant que je perdais mon temps, je promis alors de lui faire son plaisir et sa volonté quand mon mari voyagerait. Or il voyage, Dieu le garde ! Je vais donc tenir ma promesse à celui qui toujours m'ennuie ; il est arrivé à ses fins. Il m'attend au grenier là-haut. Je vous donnerai un gallon[2] du meilleur vin qui soit ici pourvu que je prenne vengeance. Allez le voir dans son grenier ; qu'il soit debout, qu'il soit couché, rouez-le de coups de bâton. Appliquez-lui tant de horions que jamais plus il ne s'avise de courtiser femme de bien. » Les gens, entendant la besogne, bondissent tous sans plus tar-

der : l'un prend bâton, l'autre gourdin, l'autre pilon
gros et poli. La dame leur donne la clef. Qui tous les
coups mettrait en taille[3], je le tiendrais pour bon
comptable. « Ne le laissez pas s'échapper et qu'il reste
dans le grenier ! — Par Dieu, font-ils, sire clergeon,
vous recevrez la discipline[4]. » On couche le bonhomme à terre et par la gorge on le saisit ; de son
chaperon ils l'étranglent si bien qu'il ne peut sonner
mot ; les coups commencent à pleuvoir : de horions ils
ne sont pas chiches. En eût-on donné mille marcs, on
n'eût mieux roulé son haubert. Ses neveux, à maintes
reprises, s'acharnent à bien l'étriller, d'abord dessus et
puis dessous. Crier merci ne lui vaut rien. Comme un
chien crevé ils le traînent et le jettent sur un fumier.
Les gens regagnent la maison ; on leur sert bons vins à
foison, les meilleurs qui fussent en cave, et des blancs
et des auvernats[5]. Ils sont traités comme des rois. La
dame prend gâteaux et vin, une blanche nappe de lin et
grosse chandelle de cire. Elle passe avec son ami la nuit
entière jusqu'au jour. Par amour, lorsqu'il s'en alla,
elle lui fit don de dix marcs et le pria de revenir toutes
les fois qu'il le voudrait.

L'autre, étendu sur le fumier, se traîne du mieux
qu'il le peut afin de retrouver ses hardes. Ses gens, le
voyant si meurtri, s'en désolent et, tout interdits, lui
demandent comment il va : « Je vais bien mal, leur
répond-il, ramenez-moi dans ma maison et ne me
demandez plus rien. » Sans plus attendre, ils le
relèvent. Mais le voilà réconforté, il n'a plus de fâcheux
soupçons : il sent sa femme si loyale ! Tout son mal ne
vaut pas un œuf ; il se dit, s'il se rétablit, que toujours il
la chérira. Il la retrouve à la maison ; vite elle lui fait
préparer un bain avec de bonnes herbes et le voilà
bientôt guéri. « Qu'est-il arrivé ? lui fait-elle. — Il m'a
fallu franchir, dit-il, une passe bien malaisée et j'en ai
les os tout rompus. » Les gens de sa maison lui content

comment ils ont traité le clerc que leur avait livré la dame. Par mon chef, elle s'en tira comme une femme honnête et sage ; depuis, son mari n'osa plus la blâmer ni la soupçonner, mais elle ne fut jamais lasse d'aimer tous les jours son ami avant qu'il rentre en son pays.

(MR, I, 8 ;
Jean Rychner, II, 80-99.)

1. Un autre fabliau n'est qu'une variante de *La Bourgeoise d'Orléans* : *La Dame qui fit battre son mari* (MR, IV, 100).

2. Ancienne mesure de capacité pour le vin, pour les grains. Le mot est passé en anglais ; la mesure anglaise de ce nom vaut environ 4,50 litres.

3. Taille : «chez les marchands de détail, se dit d'un morceau de bois fendu en deux, dont les parties se rapportent l'une à l'autre, sur lesquelles on marque en même temps la quantité de marchandises livrées, par plusieurs entailles qu'on y fait ; la souche demeure chez le marchand». Il y a un demi-siècle, on utilisait encore les tailles, à la campagne, dans les boulangeries.

4. La discipline était un fouet à lanières de corde ou de parchemin. On se «donnait la discipline» pour se mortifier, comme Tartuffe prétendait le faire.

5. Auvernat : «vin fort rouge et fumeux [qui monte à la tête] qui vient d'Orléans... Les cabaretiers s'en servent pour colorer leur vin blanc. Il est fait de raisins noirs qu'on appelle du même nom parce que le plant est venu d'Auvergne» (Furetière). Un autre vin rouge du terroir d'Orléans était le lignage (cf. Boileau, *Satire* III).

Le Chevalier qui confessa sa femme [1]

Dans le Bessin, non loin de Vire, j'ai ouï la curieuse histoire d'un chevalier et de sa femme. Cette dame était fort courtoise et tout le pays l'estimait : on n'en trouvait pas de meilleure ! Quant au mari il se fiait tant à son épouse et tant l'aimait qu'il n'était jamais en souci ; quoi qu'elle fît, il l'approuvait et jamais n'eût-elle fait chose qu'elle aurait su ne pas lui plaire. Ils vécurent bien des années ainsi sans aucun désaccord ; mais un jour, je ne sais comment, la dame à son mari si chère tomba malade, s'alita et resta couchée trois semaines. Il tremblait qu'elle ne mourût. Croyant sa fin venue, la dame se confessa à son curé ; elle fit des dons et des legs. Ne voulant pas s'en tenir là, elle appela le chevalier et lui dit : « Mon beau sire cher, il me faudrait prendre conseil. Un moine habite près d'ici : c'est un saint homme, m'a-t-on dit. Si je me confessais à lui, mon âme en aurait grand profit. Sire, pour Dieu, sans plus attendre, faites-moi donc venir ce moine, j'ai grand besoin de lui parler. — Dame, dit-il, j'y vais aller ; qui mieux que moi s'en chargerait ? Je vous l'amènerai sans doute. » Il la quitte alors, monte en selle, à l'amble se met en chemin, n'ayant que sa femme en pensée. « Dieu ! fait-il, est-elle aussi bonne, aussi vertueuse que l'on dit ? Je le saurai bien, si Dieu

m'aide. Ce n'est qu'à moi, par le cœur Dieu, qu'elle
pourra se confesser. Je prendrai la place du moine :
j'entendrai l'aveu de ses fautes. »

Comme il était en ses pensées et qu'il méditait son
affaire, il arriva chez le prieur, homme courtois et bien
appris. Celui-ci, le voyant venir, va poliment à sa
rencontre ; il le salue, l'aide à descendre, fait tenir son
cheval et dit : « Grâce à Dieu, je suis fort heureux que
vous soyez venu me voir en ami pour être mon hôte. »
Le chevalier répond : « Beau sire, ce que vous avez dit
me touche ; mais je ne puis rester ici. Venez, je
voudrais vous parler. » L'ayant pris à part, il ajoute :
« Sire, Dieu veuille me garder ! J'aurais grand besoin
de votre aide ; veuillez ne pas la refuser. Prêtez-moi vos
vêtements noirs, que je rendrai avant minuit ; je
chausserai vos grandes bottes et je vous laisserai ma
robe ici avec mon palefroi ; je prendrai le vôtre avec
moi. » Le moine y consent volontiers ; la nuit venue, le
chevalier se déshabille et prend le froc. Il monte le
cheval du moine, regagne à l'amble sa maison. Il entre,
la tête baissée, engoncé dans son chaperon, avec
l'espoir, bien entendu, de ne pas être reconnu. Un
valet accourt aussitôt et l'aide à mettre pied à terre ;
une femme alors vient le prendre par la robe pour le
conduire là où la dame était couchée. « Dame, le moine
est arrivé qu'hier vous avez fait mander. »

La malade appelle le moine. « Sire, dit-elle, asseyez-
vous près de mon lit ; mon mal empire et je crains de
bientôt mourir : je souffre le jour et la nuit. Je veux me
confesser à vous. — Dame, dit-il, c'est raisonnable,
puisque vous en avez le temps, car personne ne peut
savoir les jours qui lui restent à vivre. Aussi, croyez-
moi, douce dame, il faut prendre en pitié votre âme.
Un péché caché, c'est écrit, tue à la fois l'âme et le
corps. » La dame, couchée dans son lit et ne pensant
qu'à l'autre monde, ne reconnut pas son mari qui

savait déguiser sa voix. Il n'y avait d'autre lumière que
la flamme d'une veilleuse : la chambre était dans la
pénombre et personne dans la maison ne pouvait avoir
de soupçons. « Sire, on me tient en haute estime, mais
je suis infidèle et fausse. Sachez-le bien, telle est
blâmée qui vaut mieux que celle qu'on loue. J'étais une
mauvaise femme alors qu'on me comblait d'éloges. Je
me livrais à mes valets, les faisais coucher avec moi et
d'eux je prenais mon plaisir. *Mea culpa,* je m'en
repens. » En l'entendant, le chevalier de colère fronce
le nez ; qu'une mort subite l'emporte, tel est son désir
le plus cher. « Vous avez gravement péché. Poursui-
vez, si vous le pouvez. Vous auriez dû vous en tenir,
dame, pour avoir du plaisir, à votre époux qui vaut
bien mieux, je le jure par mes deux yeux, que ces
valets. Vous m'étonnez ! — Sire, si Dieu veut m'assis-
ter, je vous dirai la vérité. On aurait peine à découvrir
femmes qui puissent s'en tenir uniquement à leur
mari, si beau, si aimable soit-il, car la nature les a faites
telles qu'elles ont des désirs ; et les maris sont si
méchants, si dépourvus de loyauté qu'elles n'osent les
leur avouer. S'ils savaient quels sont nos besoins, ils
nous prendraient pour des putains ; aussi en sommes-
nous réduites à nous faire servir par d'autres.
— Dame, dit-il, je vous comprends. Dites tout ce que
vous savez. — J'ai sur le cœur un gros péché qui me
cause grande frayeur. C'est au neveu de mon mari que
j'accordais tout mon amour ; je l'aimais tant que c'était
rage. Je serais morte, croyez-le, si je n'avais pris mon
plaisir avec lui et je fus ainsi cinq ans en état de péché.
Je m'en repens donc devant Dieu. — Aïe ! dame,
c'était folie de chérir d'un amour coupable le neveu de
votre mari et vous commettiez double faute. — Sire,
que Dieu veuille m'aider ! C'est notre habitude à nous
femmes, et à nous surtout, femmes riches, de nous
tourner plus volontiers vers ceux qu'on ne soupçonne

guère. C'est pour être à l'abri du blâme que je jetai
mon dévolu sur le neveu de mon mari. Il pouvait venir
dans ma chambre, bien souvent et au su de tous, sans
que personne y vît de mal. Ainsi ai-je fait, pis que folle,
et j'ai tant trompé mon mari qu'il faillit y perdre
l'honneur. Qu'il échappe à tourte puante : il en a bien
mangé sa part. J'ai tant fait, l'ai si bien dressé, qu'il
croit moins en Dieu qu'en moi-même. Lorsque viennent des chevaliers loger ici, comme il est juste, ils
demandent vite à nos gens : " Où est la dame ? — Elle
est chez elle. " Quant au maître de ce logis, personne
ne cherche à le voir, tant je l'ai réduit à néant. Une
maison se déshonore lorsque la femme y fait la loi.
Tenir leur mari en tutelle, c'est l'usage de bien des
dames ; et c'est de là que vient la honte à mainte
maison tant la femme s'y montre avide et sans mesure,
agissant selon sa nature. — Dame, dit-il, cela se
peut. » Du vrai Dieu le souverain prêtre ne lui
demanda rien de plus, mais il lui fit battre sa coulpe,
lui prescrivit sa pénitence et lui imposa de promettre
que jamais elle n'aimerait un autre homme que son
mari. Il sort, frémissant de colère et de rancœur contre
sa femme qu'il avait toujours tant louée, tant estimée et
tant aimée. Mais il trouvait du réconfort à méditer une
vengeance. Le lendemain, quand il lui plut, il retourna
à son logis.

La dame, s'étant rétablie, fut surprise que son mari,
qui naguère la chérissait, la baisait et la cajolait,
daignât à peine lui parler. Un jour qu'elle donnait des
ordres à ses gens, de façon hautaine, comme elle en
avait l'habitude, son mari la dévisagea, branlant la tête
de colère, et lui dit : « Je rabattrai bien votre morgue et
votre fierté, car je vous tuerai de mes mains. Si vous
pensiez à votre vie, vous rougiriez de commander, car
nulle femme bordelière ne fut de si mauvaise espèce
que vous-même, vieille salope ! » Stupéfaite de ces

reproches, la dame est en grand embarras. L'idée lui vient — elle en est sûre — que c'est lui qui l'a confessée. Elle craint fort que tout se gâte et s'empresse de répliquer : « Ah ! méchant homme déloyal, j'ai regret de n'avoir pas dit que tous les chiens de ce pays me le faisaient et nuit et jour ; mais je souffrais trop de mon mal. Ah ! méchant homme traître et fourbe, tu as pris la robe d'un moine pour me convaincre d'adultère. Mais, Dieu merci ! je suis honnête. Je n'ai ni voisin ni voisine devant qui je baisse la tête. Dieu merci ! je ne te crains pas. Si c'était vrai, ce que tu dis, ma honte eût été bientôt sue. Mais je t'avais bien reconnu quand je me plaisais à grossir ce que j'imaginais pour rire. J'aurais bien dû, par saint Simon, te saisir par le chaperon et mettre ta chair en lambeaux. Non, vraiment, je ne te crains pas pour rien de ce que j'ai pu dire. Je t'ai reconnu à ta voix. Jamais plus, j'en appelle à Dieu, tu n'auras droit à mon amour et c'est la hart que tu mérites. Jamais tu n'auras de pardon. » Tant lui dit-elle et tant conta qu'elle lui ôta tout soupçon et qu'il crut qu'elle disait vrai. Et l'on en fit des gorges chaudes dans tout le pays du Bessin.

(MR, I, 16.)

1. On retrouve le même thème dans les *Cent Nouvelles nouvelles* (soixante-dix-huitième nouvelle), dans le *Décaméron* (septième journée, cinquième nouvelle) et dans les *Contes* de La Fontaine (I, 4 : *Le Mari confesseur*).

Le Chevalier à la robe vermeille

Dans le comté de Dammartin arriva vers la Saint-Martin-le-bouillant[1], quand la chasse est proche, un chevalier qui sans reproche passa sa vie dans le pays ; ses amis le tenaient pour sage. Il sollicita les faveurs d'une dame aimable et jolie, femme d'un riche vavasseur, si bien qu'il en fit son amie. On comptait deux lieues et demie environ entre leurs logis. Le chevalier était de ceux qui aiment à courir le monde pour quêter l'honneur et les prix : aussi passait-il pour vaillant[2]. Le vavasseur, pour son profit, s'appliquait à tout autre chose, car il avait la langue habile et parlait toujours sagement ; il savait rendre un jugement et il y prenait son plaisir.

Pour aller aux plaids à Senlis il se mit en route un matin et la dame en fit avertir son ami par un homme sûr qui sut bien dire son message ; quand l'ami eut appris la chose il mit sa robe d'écarlate toute neuve et fourrée d'hermine. Il chemine comme un jeune homme qui n'a que son amour en tête ; il chevauche son palefroi avec ses éperons dorés. Il a son épervier mué que lui-même avait élevé[3] et emmène deux petits chiens, l'un et l'autre très bien dressés à lever l'alouette aux champs. Soumis aux règles de l'amour, il arrive enfin chez sa dame. Mais il n'y rencontre personne à

qui il puisse dire un mot : il attache son palefroi, met
son épervier à la perche et court aussitôt à la chambre
où il pense trouver sa belle. Celle-ci, qui ne dormait
pas, était dans son lit toute nue, car elle attendait sa
venue. Voici qu'il s'approche du lit : il la voit blanche,
grasse et tendre et sans tarder et sans attendre il veut se
coucher tout vêtu. Mais la dame, qui l'aime fort, fait
là-dessus quelques réserves et gentiment elle lui dit :
« Ami, soyez le bienvenu, mais vous vous coucherez
tout nu, pour que le plaisir soit plus grand. » Sur une
huche, au pied du lit, alors il dépose sa robe, ôte ses
braies et sa chemise et déchausse ses éperons. Le voici
glissé dans les draps : elle le prend entre ses bras. Je ne
veux pas faire allusion à d'autre joie, d'autre plaisir ; je
pense que ceux qui m'entendent savent bien ce dont il
s'agit. Tous les deux se livrent gaiement aux jeux qui
sont chers aux amants quand ils batifolent ensemble.

Il fallut surseoir à l'audience où devait siéger le mari.
Bien avant la pointe du jour, il fut de retour au logis.
« D'où vient, dit-il, ce palefroi ? Cet épervier, à qui est-
il ? » L'autre, prisonnier dans la chambre, eût bien
voulu être à Poitiers. Vite, dans la ruelle du lit il se
glisse, mais pris de court, il n'attrape, laissant sa robe,
que sa culotte et sa chemise et la dame entasse sur lui
vêtements, manteaux, pelissons. Le mari frémit de
colère en regardant le palefroi. Sa fureur est plus
grande encore quand il est entré dans la chambre. Il
voit la robe et tous ses membres tremblent de courroux
et d'angoisse. Il saisit la dame, il la presse et lui dit :
« Qui donc est céans ? Il y a là un palefroi ; à qui est-il ?
A qui la robe ? » Sa femme va bien l'abuser : « Foi que
vous devez à saint Pierre, n'avez-vous pas croisé mon
frère qui vient de s'en aller d'ici ? Il vous a laissé une part
de ce qu'il a de plus précieux. J'eus l'imprudence de lui
dire que sa robe vous irait bien. Et sans plus entendre
aussitôt il ôta sa robe vermeille et mit sa robe de

voyage. Il vous laisse son palefroi qu'il aime tant, son
épervier, ses petits chiens, ses éperons tout neufs et
fraîchement dorés. Je faillis me mettre en colère ; je
protestai tant que je pus. Rien ne le fit changer d'avis ;
il ne voulut pas en démordre. Acceptez, puisqu'il le
désire. Vous pourrez l'en récompenser un jour, si Dieu
vous donne vie. » Et le vavasseur que tentait le beau
présent lui répondit : « Dame, vous dites vérité. Ce
palefroi me plaît beaucoup, et les petits chiens et
l'oiseau. Pourtant n'avez-vous pas eu tort de garder sa
robe vermeille ? car je crois que c'est convoitise. —
Non, ce fut en toute franchise : ne doit-on pas, par
saint Rémi, prendre un cadeau de son ami ? Celui qui
n'ose recevoir hésite souvent à donner. » La dame, qui
sait bien parler, trouve de si bonnes raisons qu'il ne
saurait la contredire ; puis elle ajoute à son mari :
« Vous vous êtes levé matin ; foi que je dois à saint
Martin, venez vous coucher près de moi ; reposez-vous
tout à loisir tandis qu'on vous prépare un repas. » Il se
garde de refuser, va se glisser tout nu près d'elle et
deux fois plus que d'habitude il est baisé et caressé.
Elle le cajole si bien et si doucement qu'il s'endort.

Elle avertit d'un petit coup son ami qui vite se dresse
et se dirige vers la huche où il avait posé sa robe ; il ne
prend pas beaucoup de temps à se peigner, mais il
s'habille, sans perdre un instant disparaît, emportant
tout son équipage et laissant le mari dormant, qui ne
s'éveille qu'à midi. Le vavasseur, à son réveil, tout
heureux des riches présents, demande sa robe vermeille et son écuyer lui prépare la robe verte qu'il
avait ; et quand le vavasseur la voit : « Je ne veux pas
de cette robe, mais je voudrais essayer l'autre que mon
beau-frère, qui m'est cher, m'a offerte en riche
cadeau. » Le valet reste stupéfait, ignorant tout de
cette histoire : il avait passé la journée à surveiller les
moissonneurs. La dame fixe son seigneur et lui dit :

« Sire, que Dieu m'aide ! dites-moi donc, si vous
voulez, quelle robe vous demandez. En avez-vous
acheté une ? Ou bien l'avez-vous empruntée là-bas où
vous êtes allé ? Laquelle ? Est-ce robe d'été ? — Je
veux, fait-il, ma belle robe, que votre frère m'a donnée
et qui se trouvait sur la huche ce matin même, je l'ai
vue. Il m'a prouvé son amitié puisqu'il veut que je sois
paré d'un vêtement qui est à lui ; et je le chéris mieux
encore de m'avoir laissé, sous vos yeux, cheval, oiseau,
chiens, éperons. — Certes, vous vous déshonorez, fait
la dame, j'en suis certaine ; car un vavasseur s'avilit s'il
agit comme un ménestrel. Mieux vaudrait qu'on vous
eût rasé sans eau la tête et le visage sans qu'il y restât
un cheveu. Un vêtement qui n'est pas neuf ne convient
guère à votre usage. C'est l'affaire de ces jongleurs et
de ces bons faiseurs de tours de recevoir des chevaliers
des robes, car c'est leur métier. Devez-vous porter une
robe qui n'est à tailler ni à coudre et n'est pas faite à vos
mesures ? Ce que je vous dis, c'est bien juste. Croyez-
moi et vous serez sage. »

Le vavasseur ne peut comprendre comment la robe a
disparu ; il est bien sûr de l'avoir vue sur la huche, à
son arrivée. Il appelle son écuyer ; mais à ses gens, dans
la maison, la dame a donné la consigne : il ne pourra
rien tirer d'eux, pas même le prix d'une poire. Ils vont,
croit-il, le renseigner, mais il sera embobiné : elle les a
bien enjôlés et tous sont d'accord avec elle. Le
vavasseur sort de sa chambre : « Dame, ne vous
souvient-il pas que ce matin, en arrivant, j'ai trouvé là
un palefroi, deux petits chiens, un épervier ? Tout était
à moi, disiez-vous ; c'était offert par votre frère. —
Sire, dit-elle, par saint Pierre, il y a deux mois et demi
ou plus que je n'ai vu mon frère. S'il était ici à présent,
il ne pourrait pas supporter que vous mettiez sur votre
dos une robe qu'il a portée. Qui vous a dit cela ? un
ivrogne ? Les revenus que vous avez, la terre que vous

possédez, cela vaut bien quatre cents livres. Cherchez
robe qui vous convienne, achetez un beau palefroi qui
vous porte au trot doucement. Que vous dire de
raisonnable ? Vous êtes dans un tel état que vos yeux
sont tout égarés et j'ai peur que vous n'ayez fait
aujourd'hui fâcheuse rencontre d'un fantôme ou d'un
mauvais vent. Vous changez de couleur souvent et j'en
suis toute stupéfaite. Demandez à Dieu par pitié et à
monseigneur saint Orri de vous garder votre mémoire ;
car vous êtes ensorcelé. Par ce qui vous est le plus cher,
croyez-vous vraiment aujourd'hui avoir la robe et le
cheval ? — Mais oui, dame, Dieu me protège ! — Que
Dieu, dit-elle, vous conseille et de sa droite vous
bénisse ! Vouez-vous donc à un bon saint et apportez-
lui votre offrande pour qu'il vous rende la mémoire. —
Eh bien ! dame, je vais me vouer à Dieu et au baron
saint Loup. J'irai voir le baron saint Jacques et saint
Eloi et saint Rémacle. — Sire, Dieu puisse vous
conduire ! Revenez-vous-en par Estaires, par le moutier de Saint-Sauveur. Allez invoquer saint Arnoul ;
dès l'autre été vous auriez dû le vénérer dans son église
avec cierge aussi haut que vous. Vous avez omis de le
faire : il faut, sire, vous racheter[4]. — Dame, répond-il,
volontiers ; s'il plaît à Dieu, je le ferai. » La dame ainsi
sait l'abuser, tournant vérité en mensonge ; c'est ainsi
qu'il prit pour un songe ce qu'il avait vu de ses yeux.
Mieux encore, elle fit si bien qu'il fut pèlerin malgré
lui, que trois jours après il partit. La dame ne le pria
pas de rester plus longtemps chez lui.

Par ce fabliau, les maris sauront que c'est folie de
croire ce qu'on a pu voir de ses yeux. Mais il est dans le
droit chemin celui qui croit, sans contredit, tout ce que
sa femme lui dit.

(MR, III, 57 ;
Gerhard Rohlfs,
Sechs altfranzösische Fablels.)

1. 4 juillet : fête de la translation des reliques de saint Martin.

2. Entendons qu'il courait les tournois.

3. « L'épervier était l'objet de soins continuels et attentifs. Sans parler du dressage, il fallait choisir sa nourriture avec discernement, le baigner au moins deux fois par semaine, éviter qu'il ne prît froid aux pattes, surveiller sa mue et même lui plumer la queue au mois de mai, le placer à certaines époques dans une cage appelée *mue*,... l'habituer à la foule,... examiner ses excréments » (Albert Praud et Guy Raynaud de Lage, *Récits, contes et poèmes du Moyen Âge*, Belin, 1951).

4. On peut identifier les étapes du pèlerinage que va entreprendre le pauvre mari. Le prieuré de Saint-Loup-de-Naud, près de Provins, prétendait posséder le chef du saint auquel il était dédié. On vénérait à la cathédrale d'Arras le chef de saint Jacques-le-Majeur que Charles le Chauve avait rapporté de Compostelle, et à la cathédrale d'Amiens le menton de l'apôtre. Saint Eloi était évêque de Noyon où il mourut. Saint Rémacle, apôtre et patron des Ardennes, fonda au VIIᵉ siècle le monastère de Malmédy et l'abbaye de Stavelot où sa châsse attirait les pèlerins. Estaires se trouve en Flandre, près de Dunkerque. Saint-Sauveur-le-Vicomte, en Normandie, possédait une célèbre abbaye bénédictine. Quant à saint Arnoul (ou Ernoul), il était vénéré à Crépy-en-Valois et partageait avec saint Gengoulph le privilège d'être le patron des maris trompés : dans le *Roman de la Rose*, Jean de Meun les enrôle « dans la confrérie de saint Ernoul » (voir Louis Réau, *Iconographie des saints*).

La Dame qui fit entendre à son mari qu'il rêvait [1]

par GARIN

Puisque Garin l'a entrepris, il ne doit pas être repris ; il y mit un peu de son temps. Ecoutez ce que dit l'histoire.

Certain bourgeois, probe et hardi, sage en actes comme en paroles, un jeudi soir était couché près de sa femme à grand plaisir, car elle était belle à merveille. Il s'endort ; mais la femme veille attendant une autre aventure : en effet, voici qu'au plus vite — était-ce à tort ou à raison — vient son ami dans la maison. Il est entré par la fenêtre en homme qui connaît les êtres ; il va vers le lit, se déchausse, enlève braies, cotte et chemise. Aussitôt la dame s'apprête, se tourne le sentant près d'elle. Son mari, lui, montre le dos et s'écarte dans son sommeil. Le nouveau venu la besogne ; puis, si l'histoire ne ment pas, tant fut l'ami avec sa dame qu'ils finirent par s'endormir. Tous les trois dorment d'une traite : nul ne les pousse ni les tire [2].

Le mari s'est éveillé tôt ainsi qu'il en a l'habitude ; il se retourne vers sa femme, étend le bras de son côté et plus loin découvre la tête de celui qui prit son plaisir ; il reconnaît un homme nu qui n'est pas venu pour son bien. Le bourgeois, robuste gaillard, se redresse d'un grand effort et saisit, sans qu'il puisse fuir, l'homme

couché près de sa femme. L'autre tremble, se sentant
pris. Le bourgeois par le cou l'attrape — car il n'était
pas son ami ! — et le jette dans un cuvier qui se
trouvait au pied du lit. Le galant y aura ses aises !

Le bourgeois retourne à son lit, mais sa femme
s'était levée. Il l'amène près du cuvier où l'amant était
prisonnier. Il prend l'homme par les cheveux et dit à sa
femme : « Allez-y ! Attrapez-le sans hésiter, saisissez-
le par les cheveux et surtout ne le lâchez pas, cela
devrait-il vous déplaire ! J'irai allumer la chandelle ; je
saurai qui est ce maraud. » A ces mots la dame obéit,
prend son ami par les cheveux, bien fâchée de lui faire
mal car elle agit à contrecœur. Et le bourgeois dit :
« Belle sœur, prenez garde qu'il ne s'échappe ! S'il
vous fallait vous racheter, vous pourriez en mourir de
honte. » Sans rien ajouter, il s'en va allumer la
chandelle au feu. La femme dit à son ami : « Levez-
vous donc, et tout de suite ! Il ne faut pas être peureux
ni manquer de cœur comme un lâche. » Le galant saute
du cuvier, vite s'habille et se prépare.

Ecoutez comment une femme sait donner le change
à merveille et dire faux pour vérité. Il y avait à la
maison un veau lié à un piquet. La femme va le
détacher ; elle le saisit par la queue, son ami le prend
par la tête : ils le jettent dans le cuvier. Le galant fuit à
pas de loup. Il ne revint pas de la nuit ! Quant à la
dame, à pleine main, elle tient le veau par la queue. Et
le bourgeois, soufflant le feu, fait jaillir la flamme à
grand-peine. Après bien des efforts, enfin, voici la
chandelle allumée ; mais la fumée le fait pleurer. Il va
tout droit vers le cuvier où la bourgeoise tient le veau :
« Le tiens-tu bien ? — Mais oui, beau sire ! — Eh bien,
j'apporte mon épée afin de lui couper la tête. »
S'approchant de la dame il voit le veau dont elle tient la
queue. Voilà notre homme stupéfait : « Haï ! fait-il,
haï, haï ! Femme, vous savez tant de ruses qu'il n'est

sous le ciel créature que vous n'arriviez à tromper. Vous l'avez vite relâché, par ma tête, votre coquin ! Je n'ai pas mis là cette bête. — Pourtant, sire, vous l'avez fait, sans y avoir mis autre chose. Dire non, ce serait mensonge. — C'est vous qui mentez, déloyale. Vous aurez mauvaise journée ! » A ces mots la dame s'enfuit, tout droit gagne une autre maison, pour coucher avec son ami tranquillement, tout à loisir. Le bourgeois regagne son lit, furieux et ne sachant que faire.

La dame alors cherche en sa tête comment abuser son mari pour obtenir de lui sa grâce. Elle a recours à une amie : « Sœur, lui dit-elle, avant le jour, allez, si vous le voulez bien, vous coucher avec mon mari et je vous paierai dès demain cinq sous comptant en votre main ; car en vous sentant près de lui, il pourra croire que c'est moi qui suis revenue dans son lit. Il craint fort le blâme des gens. » L'amie, appâtée par l'argent, répond qu'elle ira volontiers ; pourtant elle ne voudrait pas qu'il la foutît ni lui fît honte : « De cela n'ayez nulle crainte, fait la dame, c'est impossible. » L'amie, qui connaît bien les lieux, va dans la chambre du mari et s'étend à côté de lui. Mais je crains qu'il ne lui en cuise : quand le bourgeois s'est éveillé, il n'est ni las, ni fatigué sauf de colère et de chagrin et, la sentant tout près de lui, pense avoir affaire à sa femme ! « Eh quoi ! s'écrie-t-il, vraie putain, êtes-vous revenue ici ? Je n'aurai pas pitié de vous car vous m'avez couvert de honte. » Il s'empare alors d'un bâton : il en a deux à son chevet. Il la saisit par les cheveux qu'elle avait d'un beau blond doré, pareils aux cheveux de sa femme. L'amie, qui n'ose pas crier, tremble de peur et d'épouvante ; le bourgeois l'accable de coups partout, et ce n'est pas pour rire, à croire qu'elle en va mourir. Quand il n'en peut plus de la battre, il n'est pas satisfait encore. Jurant de la déshonorer, il empoigne alors son couteau et lui coupe aussitôt les tresses aussi près qu'il peut de la tête. Elle est venue pour sa disgrâce ! Elle s'enfuit, la malheureuse, son seul pelisson sur le dos. A son retour à la maison, elle s'en prend à la bourgeoise et lui raconte alors comment son mari l'a brutalisée ; elle en a l'échine brisée ; ses mains et ses bras sont meurtris ; son visage est couvert de larmes. Elle souhaite d'être morte, tant elle a regret de ses tresses, qu'après les lui avoir tranchées, il a cachées sous l'oreiller.

L'ayant entendue, la bourgeoise la réconforte de son mieux et lui dit qu'elle ira sans faute chercher sa cotte et sa chemise. Elle regagne son logis ; l'autre, qui croit l'avoir battue, s'est couché et s'est endormi. Elle cherche, se met en quête si bien qu'elle trouve les tresses qu'il a mises au chevet du lit. Elle les prend tout doucement, puis cherchant encore sans bruit, trouve la cotte et la chemise que son amie avait laissées, range bien tout et les emporte. Quelle ruse et quel mauvais tour imagine alors la traîtresse ! Il y avait là une ânesse qui était couchée dans la cour : se gardant bien d'être surprise, la bourgeoise aussitôt s'empresse de couper la queue de la bête, puis, revenue à son logis, se dispose à se mettre au lit, glisse la queue sous l'oreiller. Ayant enlevé sa chemise, la voilà près de son mari qui dormait tout comme une souche : « Je dirai qu'il voulait en rêve avoir les faveurs d'une ânesse et qu'il en récolta grand-peine, car elle ruait contre lui. » Elle lui donne sur l'oreille un coup de pied dont il s'éveille.

Déjà le jour s'était levé et quand il eut repris ses sens le bourgeois regarda sa femme : « Ma foi, lui fait-il, es-tu folle, toi qu'ici j'ai si bien battue que je croyais, Dieu soit témoin ! que tu ne pourrais plus marcher ? Il a raison celui qui dit que femme encaisse plus de coups, et plus de mal et plus de peine qu'une bourrique de deux ans. Et cependant vous gémissiez quand je vous battais tout à l'heure ! Vraiment je voudrais bien savoir si vos reins ne vous font pas mal et si vous avez les os sains. — Moi, sire ? Pourquoi me plaindrais-je et quel mal ai-je supporté ? Vous avez rêvé cette nuit et vu des sottises en songe pour me conter tel mensonge. Vous ne m'avez jamais battue ! » L'autre lui répond avec colère : « Vous me prenez pour une chiffe, pour un maladroit, pour un lâche ; jamais femme ne fut battue comme il vous advint tout à l'heure et vraiment, que Dieu me pardonne ! tout cela est pure folie. De tresses, vous n'en avez plus ; les tranchant avec mon couteau, j'ai rabattu votre caquet. Il est facile de le voir. Une folie, cela se paie ; vous avez payé votre faute. — Vos injures et vos reproches, je veux bien vous les pardonner ; vous croyez avoir pris mes tresses, mais cela vous l'avez rêvé. » Le bourgeois, confus et chagrin, tâtant la tête de sa femme, trouve les tresses bien plantées et des cheveux à pleine main : il croit que c'est sorcellerie ; le voilà bien embarrassé. Par la corne il prend l'oreiller d'où la dame a tiré les tresses qu'il y avait dissimulées, mais trouve la queue de l'ânesse. Il est tellement interdit qu'il ne dirait mot pour cent livres. Pendant longtemps il reste coi, convaincu que cette aventure est l'effet d'un enchantement.

La dame alors le réprimande et dit, prenant Dieu à témoin, qu'il lui a infligé grand-honte. De puterie elle n'a cure : il s'est bassement joué d'elle. S'il lui fait tel outrage encore, il en sera déshonoré. Il la prie de lui pardonner et, les mains jointes, crie merci : « Dame, dit-il, au nom de Dieu, je pensais bien en vérité vous avoir honnie pour toujours, en coupant vos tresses de près. Mais je vois bien que c'est mensonge : jamais je ne fis un tel songe. »

(MR, V, 124 ; Jean Rychner, II, 136-148.)

1. Sur les nombreuses versions de ce conte — orientales ou occidentales —, voir la longue étude de Bédier (*op. cit.*, p. 165-199).

2. Même situation scabreuse dans *Les Braies du cordelier*, où une femme se trouve couchée entre son mari et un clerc qui est son amant, et dans le fabliau d'*Aloul*, histoire d'un prêtre qui se glisse la nuit dans la maison d'Aloul pour offrir ses services à son amie dans le lit conjugal et qui par malheur réveille le mari.

L'Enfant de neige [1]

Il était jadis un marchand qui ne restait jamais oisif et qui savait bien s'enrichir. Il voyageait en maints pays [2] pour monnayer ses marchandises et pour accroître son avoir : il n'était pas souvent chez lui. Il laissa sa femme au logis un jour qu'il partait trafiquer — c'est ce que nous apprend l'histoire — et fut absent deux ans entiers. Et pendant ce temps la marchande fut engrossée par un jeune homme. L'amour, qui ne se peut cacher, mit l'un et l'autre en tel désir qu'il leur fallut coucher ensemble. Mais leur œuvre ne fut pas feinte puisqu'elle se trouva enceinte. Il arriva qu'elle eut un fils.

Quand le marchand fut de retour, il trouva chez lui l'enfançon, mais sut sagement se conduire. Il interrogea son épouse : « Ah ! sire, lui dit la marchande, un jour, je m'étais appuyée, dehors, à votre haut balcon, bien dolente et bien éplorée, songeant à votre longue absence dont j'avais très grand déconfort. C'était l'hiver, il neigeait fort ; je levais les yeux vers le ciel. C'est alors que j'eus la malchance, par mégarde, de recevoir un peu de neige dans la bouche ; mais cette neige était si douce que ce bel enfant fut conçu du flocon tombé sur mes lèvres. Tout advint comme je vous dis. » Et le prudhomme répondit : « Puissions-nous en avoir bonheur ! Désormais je ne doute plus que Dieu m'aime, et l'en remercie, puisqu'il nous a permis d'avoir le bel héritier que voici. D'héritier, nous n'en avions pas. Certainement, s'il plaît à Dieu, cet enfant sera un prudhomme. » Il n'en dit pas plus et se tait, cachant ce qu'il a sur le cœur. L'enfant, bien élevé, grandit. Mais l'homme, toujours en soupçons, songeait à s'en débarrasser.

Quand l'enfant eut quinze ans passés, le marchand qui souffrait toujours de son mal et de sa rancœur, vint un beau jour trouver sa femme : « Dame, n'ayez pas de chagrin : je dois demain, c'est décidé, partir en voyage d'affaires. Mettez en malle mes effets ; éveillez-moi de bon matin ; préparez aussi votre fils : je veux l'emmener avec moi. Savez-vous pourquoi je l'emmène ? Je vais volontiers vous le dire : pour lui apprendre le commerce cependant qu'il est jeune encore. Personne ne peut réussir dans son métier, sachez-le bien, si, avant que les années passent, il n'y met savoir et sagesse. — Sire, j'y consens, lui dit-elle. Pourtant, si vous le vouliez bien, il ne partirait pas encore. Mais puisque c'est votre plaisir, qu'il est vain de vous contredire, que je ne puis m'y opposer, demain vous vous mettrez en route. Que Dieu, qui demeure là-haut, vous guide et ramène mon fils, et vous donne un heureux destin ! » Ainsi se clôt leur entretien.

A l'aube le marchand se lève ; il se sent le cœur tout léger car l'affaire tourne à son gré. Mais la marchande est désolée en voyant son fils s'en aller : départ qui sera sans retour. Le prudhomme avec lui l'emmène. Ils traversent la Lombardie ; après de longs jours de voyage, ils arrivent enfin à Gênes et vont loger dans une auberge. Que fait l'homme du jeune Agrain ? Il le cède à un trafiquant qui va l'emmener avec lui en Egypte pour le revendre. Et, sitôt le marché conclu, il s'occupe d'une autre affaire, puis prend le chemin du

retour. Il traverse bien des pays et regagne enfin son
logis. Il faudrait être plus de cent pour vous décrire la
douleur qu'éprouva la dame en voyant que son mari
revenait seul. Elle se pâme maintes fois et, quand elle a
repris ses sens, en pleurant elle le supplie, pour
l'amour de Dieu, de lui dire ce que son fils est devenu.
L'autre s'empresse de répondre, en homme qui sait
bien parler : « Dame, d'après ce que l'on voit, je crois
qu'il faut vivre sa vie : il ne sert à rien de pleurer.
Savez-vous ce qui s'est passé au pays où je suis allé ?
Par un beau jour au temps d'été — il était bien midi
passé — je marchais avec votre fils sur une très haute
montagne et le soleil, clair et brûlant, dardait sur nous
ses rais ardents ; mais son éclat nous coûta cher, car il
fit fondre votre fils. Je suis maintenant convaincu que
ce fils était fait de neige et je ne puis m'émerveiller
qu'il ait fondu au chaud soleil. »

La marchande a dû reconnaître que son mari se
jouait d'elle en lui racontant cette histoire. La ruse
qu'elle avait ourdie follement pour se disculper ne lui
aura servi à rien : le mari a pris sa vengeance, lui
qu'elle pensait abuser vilainement par ses propos ; mais
il n'est pas déshonoré, car sa femme se sent coupable.
Il arriva donc à la dame — cela devait lui arriver —
d'avoir brassé ce qu'elle but.

(MR, I, 14.)

1. Bédier (p. 460-461) signale le succès qu'a connu dans le
monde des clercs le sujet de ce fabliau : il en existe de nombreuses formes monacales, «en vers latins, soit rythmiques, soit
prosodiques». Le conte se trouve aussi reproduit dans les *Cent
Nouvelles nouvelles* (dix-neuvième nouvelle).
2. Edmond Faral (*La Vie quotidienne au temps de saint Louis*,

Hachette, 1942) mentionne l'inlassable activité des marchands de l'époque, qui ne se contentaient pas de parcourir les provinces, mais poussaient jusque dans les pays lointains, en Angleterre, en Espagne, en Italie et même au-delà «vers l'Orient sarrazinois», cf. le *Dit des marchéans :* «Marchands vont par tout le monde — Diverses choses acheter. — Ils vont en Angleterre — Laine et cuir et bacons querre; — Les autres s'en vont en Espagne, — et tels s'en vont en Bretagne, — Bœufs et porcs et vaches acheter. — Quand ils reviennent à la ville, — Les femmes fort grande joie en ont — Et mandent les ménestrels; — L'un tambourine et l'autre vielle, — Un autre dit chanson nouvelle...» Le marchand de *L'Enfant de neige* ne reçoit pas un aussi bel accueil.

Le Pauvre Clerc

Je ne veux pas faire un long conte. Ce fabliau dira l'histoire d'un clerc demeurant à Paris qui était en tel dénuement qu'il dut abandonner la ville. Il n'avait rien à engager, rien à vendre pour subsister et vit bien qu'il ne pouvait pas rester plus longtemps à Paris, tant il y menait pauvre vie : mieux valait laisser les études. Le clerc alors se mit en route pour revenir dans son pays comme il en avait grand désir ; mais il était découragé car son escarcelle était vide.

Tout un jour il avait marché sans rien boire ni rien manger. Il entre enfin dans une ville, pousse la porte d'un vilain, mais il ne trouve à la maison que la dame avec sa servante. La dame lui fait grise mine. Le clerc la prie de l'héberger, par faveur et par charité. « Seigneur clerc, mon mari, dit-elle, n'est pas chez lui en ce moment. Je pense qu'il me blâmerait si j'avais, sans sa permission, hébergé vous-même ou un autre. » Le clerc revient à sa requête : « Dame, je suis un étudiant ; aujourd'hui j'ai marché longtemps. Agissez en dame courtoise. Accueillez-moi sans dire plus. » Mais avec plus d'aigreur encore elle signifie son refus. C'est alors qu'arrive un garçon chargé de deux barils de vin : la dame au plus tôt qu'elle peut reçoit les barils et les cache. La servante apporte un gâteau ; elle dispose sur un plat du porc qu'elle a tiré du pot. « Vraiment, dame, il me plairait bien, fait le clerc, de rester chez vous. » Mais l'autre réplique aussitôt : « Je ne veux pas vous héberger. Allez vous adresser ailleurs. » Le clerc obéit et s'en va, et la dame qui s'impatiente lui claque la porte aux talons. A peine a-t-il fait quelques pas qu'il voit un prêtre dans la rue, nez baissé sous sa cape noire, qui le croise sans dire un mot et pénètre dans la maison d'où lui-même à l'instant sortait.

Comme le clerc se lamentait, ne sachant où passer la nuit, un prudhomme l'entend gémir et lui dit : « Qui donc êtes-vous ? — Je suis un clerc bien fatigué ; toute la journée j'ai marché et je ne puis trouver de gîte. — Par Dieu et par saint Nicolas, sire clerc, ne vous troublez pas, car votre gîte est tout trouvé. Dites-moi, êtes-vous allé dans cette maison que voici ? — Oui, sire, je viens d'en sortir. » Notre homme se met à jurer : « Retournez-y sans hésiter. Foi que je dois à saint Clément, cette maison-là m'appartient. J'y recevrai qui me plaira, vous ou d'autres, à ma volonté. Je viens d'arriver du moulin et j'apporte de la farine pour faire à mes enfants du pain. » Ils s'en vont la main dans la main et les voici devant la porte. Son sac sur le dos, le prudhomme appelle et crie d'une voix forte. « Hélas ! fait la dame, c'est lui. Ah ! messire prêtre, de grâce, vite cachez-vous dans la crèche ! Vous y serez en sûreté car lui, je le ferai coucher le plus tôt que je le pourrai. » Alors, sans demander son reste, il s'en va dans la bergerie.

Le mari a tant appelé qu'elle vient lui ouvrir la porte ; il entre avec son compagnon. « Sire clerc, mettez-vous à l'aise, dit le prudhomme, et maintenant soyez heureux et sans soucis : j'en aurai, moi, beaucoup de joie. » Et s'adressant à son épouse : « Dame, dit-il, que faites-vous ? Ne songez-vous pas au souper ? — Sire, veuillez me pardonner ; je n'ai rien à vous préparer. » Le mari se prend à jurer : « Par tous les saints, dites-vous vrai ? — Certes, vous pouvez bien savoir ce qu'ici, allant au moulin, vous avez laissé ce matin. — Dame, fait-il, je n'en sais rien, que le Seigneur Dieu me bénisse ! Mais je dois bien traiter ce clerc. — Sire, il faudra vous en tirer du mieux qu'il vous sera possible ; un souper n'est pas grande affaire : vous ferez vite. » A sa servante : « Tu vas passer de la farine ; pétris un pain pour leur repas et puis qu'ils aillent se coucher. » Le bonhomme était en colère. Il s'adresse à son compagnon : « Seigneur clerc, que Dieu me bénisse ! vous avez ouï bien des choses. Chantez-moi donc une chanson ou narrez-moi une aventure que vous avez lue quelque part, en attendant que l'on nous cuise ce qui fera notre repas. — Sire, fait le clerc, je ne sais comment vous conter une histoire ; mais je vous dirai volontiers une peur que je viens d'avoir. — Eh bien ! dites-nous cette peur, répond l'autre, et vous serez quitte, car je sais bien que votre état n'est pas d'être conteur de fables ; par faveur, je vous le demande. »

« Sire, fait le clerc, aujourd'hui je traversais une forêt et quand j'en fus sorti je vis un énorme troupeau de porcs, grands et petits et noirs et saurs, mais le berger n'était pas là. Tandis que je les regardais, survint un grand loup qui bien vite se précipita sur un porc dont la chair semblait aussi grasse que la viande que la servante tout à l'heure a tirée du pot. » La femme était au désespoir. « Comment, dame, fait le mari, est-ce vrai ce que dit le clerc ? » Elle savait que démentir ne lui vaudrait pas une maille. « Mais oui, sire, certainement, j'avais acheté de la viande. — Dame, vous me voyez ravi que nous ayons ce qu'il nous faut. Mais vous, sire clerc, continuez et nous ne nous ennuierons pas. » Le clerc poursuit donc son récit : « Sire, dit-il, lorsque je vis que le loup avait pris le porc, j'en fus, croyez-le, très fâché. Un loup n'est pas lent à manger : aussitôt il le mit en pièces. Je le regardai un moment et je vis dégoutter le sang aussi vermeil que le vin rouge qu'apporta ici un garçon lorsque je demandais un gîte. » La femme est muette de colère. « Comment, dame, avons-nous du vin ? — Mais oui, sire, par saint Martin, et nous en avons tant et plus. — Dame, fait-il, que Dieu me voie ! j'en suis, croyez-le, bien heureux pour ce clerc que nous hébergeons. Seigneur clerc, dites-nous la suite. — Certes, fait le clerc, volontiers. Le loup était très menaçant et ne sachant quel parti prendre, je regardai si je pourrais trouver chose pour le frapper. J'avisai une grande pierre : je ne mentirai pas, je crois, en disant qu'elle était moins large que le gâteau qui est ici et qu'a fait cuire la servante. » La dame doit bien constater qu'il est vain de dissimuler. Alors son mari la regarde : « Comment ? Nous avons un gâteau ? — Mais oui, un gâteau bon et beau, dit la dame, fait tout aux œufs pour agrémenter le repas. — Dieu merci, répond le mari. Ma foi, seigneur clerc, cette peur a été une heureuse chose. Vous pourrez faire bonne chère, car nous avons pain, viande et vin et c'est à vous que je le dois. C'en est donc fait de votre peur. — Pas du tout, que Dieu me bénisse ! Lorsque j'eus pris la pierre en main, je voulus la jeter au loup. Il se mit à me regarder vraiment de la même façon que fait le prêtre à la fenêtre de la bergerie que voilà. — Un prêtre ! s'écrie le mari ; il y a un prêtre céans ! » Vite il bondit pour le saisir. Le prêtre en vain veut se défendre. Le prudhomme l'a empoigné ; il le dépouille de sa robe ; il donne la chape et la cotte au clerc qui raconta sa peur : il lui paya bien son salaire et le prêtre en fut pour sa honte.

Ne refusez jamais du pain — dit un proverbe de vilain — même à celui que vous croyez ne jamais retrouver un jour. Sait-on ce qui peut advenir ? Bien des gens l'oublient et le paient, et la dame en tout premier lieu qui fit au clerc mauvais visage quand il lui demandait un gîte. De ce qu'il raconta le soir, il n'aurait pas sonné un mot si elle l'avait accueilli.

(MR, V, 132.)

Le Prêtre crucifié

Je veux raconter une histoire, celle de Messire Roger. Il était maître en son métier, car pour bien sculpter les images et bien tailler les crucifix, ce n'était pas un apprenti. N'ayant d'autre pensée, sa femme s'était amourachée d'un prêtre. Son mari un jour lui fit croire qu'il devait aller au marché pour y porter une statue qu'il espérait vendre un bon prix ; et la dame bien volontiers l'approuve et s'en réjouit fort. Quand il eut observé sa mine, il fut aussitôt convaincu qu'elle brûlait de le tromper, comme elle en avait l'habitude. Il met alors sur son épaule le premier crucifix venu et sort ainsi de la maison. Il prend le chemin de la ville où il reste un peu pour attendre l'heure où selon son idée les deux amants seront ensemble ; de colère son cœur frémit. Ayant regagné son logis, par un trou de l'huis il les voit assis, occupés à manger. Il appelle et non sans trembler, on vient pour lui ouvrir la porte. L'autre ne sait par où s'enfuir : « Mon Dieu, se dit-il, que ferai-je ? — Ecoutez-moi, lui fait la dame, déshabillez-vous et allez tout à côté dans l'atelier : là vous n'aurez qu'à vous étendre parmi les autres crucifix. » Bon gré, mal gré, il obéit ; aussitôt, il se déshabille, entre les images de bois s'étend comme s'il eût été taillé dans le bois lui aussi. Le mari a bien deviné que l'homme est avec les

statues, mais il conserve son sang-froid. Sans bouger, il
mange et il boit copieusement, tout à loisir ; et quand il
eut quitté la table, il saisit une longue pierre afin
d'affûter son couteau. Il était robuste et hardi :
« Dame, dit-il, allumez vite une chandelle et nous
irons à côté, là où je travaille. » Elle n'osa pas refuser.
Ayant allumé la chandelle, elle accompagne son mari
dans l'atelier, sans plus tarder. Le prudhomme, au
premier coup d'œil, aperçoit le prêtre étendu, voit
pendre le vit et les couilles. « J'ai bien mal sculpté cette
image, dit-il, et je pense, ma foi, que j'étais ivre ce
jour-là puisque j'y ai laissé ces choses. Je vous en prie,
éclairez-moi et je vais arranger cela. » Le prêtre n'osa
pas bouger ; je dois le dire, en vérité : l'autre lui
trancha vit et couilles, et sans rien lui laisser du tout.
Quand le prêtre se sent blessé, il s'enfuit pour prendre
la porte. Le prudhomme aussitôt s'écrie : « Attrapez-
moi mon crucifix qui à l'instant s'est échappé ! » Sur
son chemin le prêtre trouve deux gaillards portant un
cuvier. Il eût mieux aimé être à Arles ; car il y avait un
ribaud qui en main tenait un levier : il lui donne un
coup sur la nuque et l'étale dans un bourbier. Tandis
que le prêtre gisait, voici que le prudhomme arrive ; il
l'emmène dans sa maison et lui fait bailler aussitôt une
rançon de quinze livres sans en rabattre un seul denier.

Cet exemple nous montre bien que pour rien au
monde aucun prêtre ne doit aimer femme d'un autre,
ne doit venir rôder autour. Il ne saurait avoir querelle
sans y laisser ou couille ou gage. Ainsi fit le prêtre
Constant, car il y perdit ce qui pend.

(MR, I, 18.)

Le Prêtre teint

par GAUTIER LE LEU

J'ai bien le droit de raconter — personne ne me
l'interdit — une aventure que je sais, qui advint au
début de mai à Orléans, la jolie ville où je suis allé bien
des fois. Cette aventure est bonne et belle et la rime
fraîche et nouvelle ; je l'ai mise en vers l'autre jour
lorsque j'étais à Orléans. J'y ai séjourné si longtemps
que j'ai mangé et bu ma chape et une cotte et un
surcot : ainsi j'ai payé mon écot et je suis quitte envers
mon hôte qui sait bien attirer les gens. Entre-t-on, il est
tout sourires, mais quand on part c'est autre chose ; il
excelle à faire ses comptes ; il rajoute même le sel, les
aulx, le verjus et le bois, car il n'oublie rien sur sa note.
Jamais, jusqu'à la Pentecôte, je n'irai loger chez cet
hôte : j'y vendrais encore mes nippes.

Je vous dirai donc l'aventure qui arriva à Orléans
cette année avant la Saint-Jean. Un bourgeois qui était
fort riche avait un prêtre pour voisin ; jamais il n'avait
de bon vin ni de mets friands sur sa table sans lui en
envoyer sa part. Le prêtre faisait peu de cas des bons
offices du bourgeois ; à cela il eût préféré pouvoir
coucher avec sa femme qui était dame très courtoise, et
fraîche et avenante et belle. Il n'est jour qu'il ne la
harcèle et sollicite ses faveurs. La bonne dame lui
répond que jamais elle ne fera à son mari honte ni tort,

devrait-elle risquer sa vie. Ce qu'il lui dit la met en
rage ; elle l'insulte et le maudit et c'est sous les coups
de bâton qu'il doit sortir de la maison : peu s'en faut
qu'elle ne l'assomme. Le prêtre, avec toute sa honte,
s'en va fuyant à son logis. Il cherche en sa tête
comment, par quel moyen, par quelle ruse, ou par
argent ou par prière, il pourrait prendre son plaisir.
Peu lui chaut qu'elle l'ait battu et pour lui ce n'est
qu'un fétu ; mais d'avoir été éconduit, il en garde le
cœur meurtri : toute sa pensée est en elle. Il va
s'asseoir près de sa porte, dans l'attente de voir venir
quelque vieille femme ou servante à qui il puisse se
confier et qui accepte de l'aider. Dans l'âtre il saisit un
landier qu'il lance rageur sur le mur ; le voilà en tel
désarroi qu'on ne peut savoir ce qu'il pense. Il prend
son corbillon par l'anse, le jette à terre et le piétine.
Jamais ne fut tel furibond : ce prêtre a perdu sa
mémoire et son savoir et sa raison. Alors il revient sur
le seuil et jette un coup d'œil sur la rue ; il voit arriver
dame Hersent, la marguillière de l'église qui connaît
très bien son métier, car il n'y a prêtre ni moine, ni bon
reclus ni bon chanoine, qu'elle ne tire d'embarras s'ils
viennent lui confier leur cas. Quand le prêtre la voit
venir, il se retient de la héler, mais il lui fait signe du
doigt. Voici dame Hersent qui s'approche ; le prêtre de
loin la salue et dit : « D'où venez-vous, commère ? —
Sire, je descends ce chemin et m'en vais filant ma
quenouille. » Il reprend : « J'aurais grand besoin de
parler un peu avec vous. » Il la serre alors dans ses
bras, mais jette un regard sur la rue, ayant grand-peur
qu'on ne le voie. Tous deux entrent dans la maison. Le
prêtre a fait bonne rencontre car il a chez lui femme
habile à qui il peut ouvrir son cœur. Ils s'en vont alors
dans sa chambre et le prêtre fait confidence de sa peine
et de ses ennuis : il ne sait comment s'en tirer. Alors la
vieille lui promet qu'il peut en avoir l'assurance ; elle

l'aidera sans manquer. Aussitôt le prêtre lui baille les vingt sous de son aumônière ; serrant le poing sur son argent, la vieille se lève et lui dit : « Quand on les voit dans le besoin, il faut bien aider ses amis. » Elle demande son congé ; elle s'en va sans plus tarder et il la recommande à Dieu : qu'elle ait bien l'œil sur son affaire !

La coquine ne va pas loin. Elle arrive chez la bourgeoise qui était honnête et courtoise. Quand la dame la voit venir, elle la salue, ignorant qu'elle cherchait à la séduire. Sans la laisser s'asseoir à terre, elle tient à lui faire place, à côté d'elle sur un lit ; cela fut du goût de la vieille qui ne cherchait pas autre chose et se décida à parler : « Il ne faut pas vous étonner si je suis venue vous trouver ; je viens à vous en conseillère. Je vous apporte le salut du meilleur qui soit dans la ville : sachez-le bien, c'est vérité. — Et qui est-ce ? — Sire Gerbaut qui est pour vous bien disposé ; il me charge de vous prier d'amour et me fait demander que vous deveniez son amie. » A ces mots, l'autre lui répond : « Je me moque de vos leçons ; ce n'est pas vous qui m'apprendrez à commettre des vilenies ; et, si je me payais d'audace, vous auriez affaire à mon poing, ou à ma paume ou au bâton. — Dame, cela ne vaudrait rien. Il n'est bourgeoise à Orléans qui par moi ne trouve un ami. » La bourgeoise alors lui applique deux grands soufflets sur le visage en ajoutant : « Soyez maudite d'être aujourd'hui venue céans ! » Hersent, sans demander congé, sort aussitôt de la maison. De honte elle pâlit et sue et va tout conter à son prêtre. Elle lui dit sans rien cacher comme la dame l'a reçue, ce dont il n'est pas enchanté. Il dit à Hersent de se taire, car il saura bien la venger sans avoir à rendre les coups ; et il soutient, promet et jure que pour les coups qu'elle a donnés, l'autre sera excommuniée, et sans autrement s'en tirer. Le prêtre frémit de colère ; il s'en

va tout droit à l'église comme pour faire son service. Il
prend la corde d'une cloche, puis saisit la corde d'une
autre et sonne des deux tour à tour, et bientôt
l'affluence est grande. Les paroissiens étant venus,
ceux-ci de près, ceux-là de loin, sire Picon, le teintu-
rier, arrive suivi de sa femme. Les voyant, le prêtre
s'indigne et leur dit devant l'assistance : « Je ne trouve
ni beau ni bon que vous soyez dans cette église. Il me
faut faire mon devoir : vous devez être excommuniés.
— Dites-moi donc pourquoi, dam prêtre. Dites-le, je
veux le savoir. — Votre femme hier eut l'audace, sous
les yeux de sa chambrière, de maltraiter ma marguillière qui aussitôt a porté plainte. Mais si vous voulez
réparer le déshonneur et le dommage que votre femme
lui a faits, elle acceptera volontiers. — Eh bien,
chantez donc votre office, car le tort sera réparé. »
Satisfait de cette promesse, il se met à chanter sa messe
qu'il expédie rapidement ; puis il appelle la bourgeoise
et la marguillière avec elle et les voilà réconciliées.

Dam Picon demande à sa femme de lui dire, sans
rien cacher, pourquoi Hersent a porté plainte. Il veut
savoir la vérité. Elle répond : « Vous saurez tout, et je
m'en voudrais de mentir. Le prêtre me fit des avances ;
il m'envoya l'entremetteuse qui me demanda, sachez-
le, de faire folie de mon corps. Mais je lui payai son
salaire. » Dam Picon, qui a bien compris que sa femme
a le droit pour elle, lui dit qu'il regrettait beaucoup
qu'elle ne l'eût pas mieux battu : « Si le prêtre vous
presse encore, vous lui promettrez vos faveurs ; mais
qu'il se montre généreux et qu'il vous fasse aussi
connaître quel jour il entendra choisir pour faire de
vous son plaisir. » Alors la dame lui promet d'agir
selon sa volonté. Sitôt sortie de sa maison, elle
rencontre le curé qui allait chez la marguillière. Quand
il la voit il la salue et renouvelle sa requête ; la
bourgeoise alors lui répond : « Je serai à votre service

de mon mieux, le plus tôt possible. » Et lui, qui n'avait qu'elle en tête et était enivré d'amour, promet de lui donner vingt livres. « Cela me suffit, lui dit-elle. Mais notre rencontre amoureuse ne peut se faire avant demain, quand Picon ira à la foire, et si vous ne voulez m'en croire, vous pouvez venir cette nuit. — Dieu ! la nuit est lente à venir. Que ne puis-je bientôt voir l'heure de vous tenir entre mes bras ! Souvent la nuit je vous embrasse dans mes rêves, tout en dormant. » La dame, très courtoisement, là-dessus prend congé du prêtre. Il lui demande : « Quand irai-je ? — Sire, demain après la messe. Apportez-moi l'argent promis ; sinon vous resterez chez vous. » A peine est-elle à la maison qu'elle tombe sur son mari qui demande d'où elle vient. « Vous souvient-il, sire, dit-elle, de notre prêtre dam Gerbaut ? Il m'a dit toute son affaire, comment il a tiré son plan ; et dès demain, si vous voulez, dam Gerbaut sera pris au piège. » Sachant que le prêtre viendrait : « Dame, voici ce qu'il faut faire, si vous voulez bien l'attraper. Chauffez un bain pour le baigner et préparez un bon repas. Moi, je m'en irai prendre l'air, non loin d'ici, dans le verger. Quand, à mon avis, le dîner sera bel et bien préparé, je viendrai ici à mon tour, comme si je ne savais rien : vous lui direz de se cacher aussitôt dans ce cuvier-là. » Ainsi se clôt leur entretien.

Après la nuit, sire Picon mande les gens de sa maison sans leur en donner la raison. Le prêtre qui, dans l'impatience, brûle de désirs pour la dame, ne veut pas perdre un seul instant. Il met dans sa bourse dix livres, que dès la veille il a comptées ; et comme il n'est pas encombré, il prend avec lui une oie grasse ; et le voilà chez la bourgeoise qui n'en a guère de chagrin, et c'est avec un beau sourire qu'elle reçoit de lui l'argent. Elle dit à sa chambrière : « Va-t'en fermer vite la porte et prends l'oie que le prêtre apporte. » La servante lui

obéit, plume l'oie, la met à la broche. La bourgeoise
allume le feu pour faire chauffer l'eau du bain. Quant
au prêtre, il ne tarde guère, se déchausse et se
déshabille et sous les yeux de la bourgeoise, il saute
tout nu dans le bain. Alors dam Picon se présente à la
porte qu'on a fermée ; il appelle sa chambrière si haut
que tous l'ont entendu. La chambrière lui répond :
« Sire, j'y vais. » En même temps, le prêtre sort du
bain et saute, comme la dame l'y invite, dans un autre
cuvier tout plein de belle teinture vermeille. Il sera
sans faute bien teint avant de sortir de la cuve. Voilà le
prêtre dans l'étuve que la bourgeoise a bien couverte.
La chambrière ouvre la porte : « Vous arrivez au bon
moment et vous avez eu le nez creux de revenir à la
maison, car le repas est préparé ; la sauce seule reste à
faire. » Dam Picon en est tout heureux ; il prend
aussitôt le mortier : il tourne et prépare la sauce. A son
tour, la dame s'y met, étend la nappe sur la table ; et la
servante qui s'affaire se réjouit beaucoup de la fête :
elle demande à dam Picon de découper l'oie qui est
cuite, ce qu'il fait sans beaucoup de peine. Là-dessus,
on se met à table.

Le bourgeois n'a pas oublié qu'il veut se venger du
curé. « Voyons où en est ma teinture. Est-il bien teint
le crucifix qu'on m'a demandé aujourd'hui ? Allons le
sortir, de par Dieu. Donzelle, faites un beau feu :
devant nous le mettrons sécher. » Le prêtre, entendant
ces propos, plonge le nez dans la teinture pour ne pas
être découvert. C'est alors que Picon se lève, se dirige
vers le cuvier, avec sa femme et tous ses gens. Ayant
soulevé le couvercle, ils trouvent le prêtre étendu en tel
état qu'on l'aurait cru sculpté ou en bois ou en pierre.
Par les pieds, les cuisses, les bras, ils le prennent de
tous côtés et le lèvent plus d'une toise. « Dieu ! fait
dam Picon, comme il pèse ! Jamais je n'ai vu crucifix
qui fût plus lourd que celui-ci. » Si le prêtre eût osé

parler, il aurait pu lui répliquer ; mais il a si bien clos la bouche qu'il n'en sort ni mot ni haleine. Enfin on le sort à grand-peine.

Écoutez l'étrange aventure. Il est imprégné de teinture si bien qu'il semble plus vermeil que n'est au matin le soleil quand il va darder ses rayons. Ils vont l'asseoir devant le feu en le calant, je ne mens pas, et sans l'inviter à manger ; puis ils reviennent s'attabler. Le curé était gros et gras ; il tenait la tête baissée et n'avait chemise ni braie. Le feu clair qui chauffe son dos lui fait ériger son baudoin : il doit réprimer sa colère. La dame lui jette un coup d'œil et dam Picon s'en aperçoit. Il veut faire rire ses gens et se met à dire à sa femme : « Dame, vraiment, je vous le jure ; je n'ai jamais vu crucifix ayant des couilles et un vit. » La dame répond : « C'est bien vrai. Il n'était pas des plus malins celui qui l'a sculpté ainsi. Je crois qu'il est fendu derrière. Il a vit plus grand que le vôtre, et plus gros, vous le voyez bien. » Là-dessus, dam Picon appelle sa servante, qui n'est pas sotte : « Va, dit-il, ouvre cette porte et prends-moi une bonne cognée. Je vais lui couper cette couille et ce vit qui trop bas pendouille. » La servante aussitôt comprend et s'empresse d'ouvrir la porte. Comme elle cherchait la cognée, le curé empoigne son bien et s'en va fuyant dans la rue, sous les huées de dam Picon. Tout ce que demandait Picon, c'était de se venger du prêtre : il s'en est bien débarrassé.

(MR, VI, 139 ; Charles H. Livingstone,
Le Jongleur Gautier le Leu.)

La Bourse pleine de sens

par Jehan le Galois d'Aubepierre [1]

Jehan le Galois nous raconte que dans le comté de
Nevers demeurait un riche bourgeois. Ce bourgeois
était un marchand, toujours très chanceux dans les
foires. Il était sage et bien appris ; il avait femme de
haut prix, la plus belle que l'on connût au pays et
qu'on pût trouver, aussi loin qu'on allât chercher. La
dame aimait fort son mari, comme il l'aimait ; mais il
advint que le bourgeois prit une amie qu'il chérit et
combla de robes. Elle le servait de mensonges et
s'entendait à le tromper. La dame un jour s'en aperçut,
le voyant aller et venir ; elle ne put se retenir d'en dire
un mot à son mari : « Sire, c'est à grand déshonneur
que vous vivez auprès de moi. N'avez-vous pas honte ?
— De quoi ? — De quoi, sire ? Prenez-y garde. Vous
entretenez une garce qui vous honnit et vous assote. Il
n'est personne qui n'en parle et toute la ville le sait, et
chacun dit que Dieu vous hait, Dieu, et sa mère, et
tous les saints. — Taisez-vous, car ce n'est pas vrai.
Les gens sont enclins à médire. »

Il s'en va, blême de colère ; il se promène par la ville
la mieux située que je connaisse : c'est Decize, qui est
bâtie juste en une île de la Loire. Notre bourgeois
devait aller à la foire à Troyes en Bourgogne [2]. La
dame, craignant ses écarts, le fait revenir au logis, lui

parle de l'un et de l'autre, et le sermonne de son mieux.
Mais il n'a cure de leçons : peu lui chaut, il n'y pense
guère. Elle voit que ses remontrances resteront toujours sans effet : elle feint d'être indifférente. On
arriva au lendemain ; le bourgeois se leva matin.
Quand son palefroi fut sellé, il fit atteler ses charrettes,
toutes chargées de marchandises. Dès qu'il les eut fait
mettre en route, il revint parler à sa femme : « Dites-
moi, fait-il, belle dame, quel joyau pour votre plaisir
voulez-vous que je vous rapporte de la bonne foire de
Troyes ? Voulez-vous guimpes ou ceintures, tissus
d'or, bagues ou fermaux ? Quoi que je puisse vous
trouver, pour vous je ne serai pas chiche. — Sire, je ne
demande rien, dit sa femme qui le croit fou, sauf, par
saint Pierre et par saint Paul, une bourse pleine de
sens ; mais apportez-m'en, s'il vous plaît, une pleine
bourse à deniers. — Volontiers, fait sire Renier, vous
l'aurez quel qu'en soit le prix. » C'était donc pour la
foire d'août que sire Renier de Decize quitta son
épouse Félise et fit le voyage de Troyes. Il trouva des
marchands de Broyes[3] pour acheter son chargement.
Après la vente, il s'employa, aussitôt, sans perdre de
temps, à recharger tous ses chariots. Il ne les remplit
pas d'étoupe, mais de hanaps d'or et d'argent, de
coupes, de pièces de drap — et ce n'était pas camelote,
mais écarlate teinte en rouge et bon drap bleu en bonne
laine de Bruges et de Saint·Omer. Nul n'aurait pu faire
le compte de ce qu'il mit en dix charrettes ; c'eût été
dam qu'elles se brisent : elles portaient une fortune.
Chacune avait son conducteur. Il les confie à Dieu le
Roi ; les charretiers prennent congé et acheminent leur
charroi, suivant tout droit la grand-route.

Oyez comment sire Renier était dépourvu de bon
sens. Aurait-il bu du vin de Chypre, il n'eût pas mieux
perdu la tête. Il s'en vint en la halle d'Ypres, tenant un
bâtonnet en main et il songea à son amie. Il achète une

robe bleue et il la plie dans un paquet qu'il attache
derrière lui sur son cheval à robe rouge. Quand il
l'offrira à sa mie, il sera seul à le savoir. Il s'en va par la
grand-rue ; il arrive enfin chez son hôte, met pied à
terre, ôte sa cape et il confie son palefroi aux soins de
son valet Jofroi. Alors il songe à la prière de sa femme
qui veut avoir une bourse pleine de sens ; mais il ne sait
de quel côté il pourra se la procurer. Arrive son hôte
Alexandre : « Sire, savez-vous où l'on vend une bourse
pleine de sens ? Dites-le-moi, si c'est possible. » Alors
son hôte lui indique un mercier de terre lointaine. « Je
crois, lui dit-il, qu'il en a. » Sire Renier va le trouver,
conte son affaire au mercier. L'autre lui répond
aussitôt qu'il n'en a pas, mais il l'envoie à un épicier de
Savoie qui était chenu de vieillesse. Sire Renier
s'adresse à lui et lui fait savoir ce qu'il cherche. L'autre
jure, sur son salut, que jamais, au cours de sa vie, il ne
connut cette denrée. Renier s'en va, triste et pensif, et
mécontent il s'est assis contre un tronc d'arbre, sur un
banc. A quoi bon chercher plus longtemps ? Il voit
venir sur la grand-route un très vieux marchand de
Galice : « Que voulez-vous ? de la réglisse, ou clous de
girofle ou cannelle ? Que venez-vous de demander à cet
épicier savoyard ? — Sire, dit-il, que Dieu me voie ! je
ne voulais pas de réglisse, de clous de girofle, d'épices.
Je cherche, et suis embarrassé, une bourse pleine de
sens. Savez-vous où cela se vend ? — Mais oui, je te
ferai comprendre, si tu veux, comment tu l'auras. Tu
n'iras pas chercher plus loin. Dis-moi si tu as une
femme. — Oui, et fille de chevalier, la plus belle qui
soit au monde et c'est pour elle que je cherche cette
bourse pleine de sens. Voilà : je vous ai dit mon cas en
tout honneur et loyauté. — Tu as une amie ? Ton
épouse en a sans doute de la peine et je t'en vois les
yeux mouillés. Tu as une amie ? — C'est vrai, sire. »
Le vieillard se met à sourire de la sottise qu'il entend.

« Dis-moi, fait-il, et ne mens pas. N'apportes-tu rien à ta mie ? — Si, je ne vous mentirai pas : une robe en bon drap bleu d'Ypres : devrait-on aller jusqu'à Chypre, on n'en verrait pas de plus belle. »

Le prudhomme, plein d'indulgence, lui dit : « Il faudra que tu fasses autre chose que tu ne penses. Si tu veux garder ton honneur, tu devras suivre mes conseils. Il faut que tu partes d'ici, que tu rejoignes tes charrettes. Arrivé près de ton logis, tu laisseras robe et cheval dans un lieu pourvu en fourrage. Prends une robe de truand qui soit en lambeaux et en loques et qu'au travers passent tes coudes. A la nuit va chez ton amie ; dis-lui qu'il ne te reste plus un seul denier de ton avoir, que ce soir tu as tout perdu et que tu veux loger chez elle pour t'en aller le lendemain avant le jour, qu'on ne te voie. Si elle t'accueille avec joie, elle aura mérité sa robe. Mais surtout ne t'attarde pas si elle est orgueilleuse et fière comme il convient à une garce. Si elle t'interdit sa porte, alors tu pourras reconnaître que tu auras mal employé ton temps, ta peine et tout l'argent jusqu'alors dépensé pour elle. Prends le chemin de ta maison ; entre et quand tu verras ta femme, avoue-lui ta déconvenue sans témoigner la moindre joie ; et tu la trouveras, je pense, plus courtoise et plus accueillante que ne l'a été ta ribaude. Quoi qu'elle dise, c'est ta femme. Garde ton corps, pense à ton âme comme je te l'ai conseillé. Va, je te recommande à Dieu. »

Renier monte en selle ; il lui tarde d'être à Decize sur la Loire. Il veut, en usant de ce tour, mettre à l'épreuve son amie, la payer selon son travail. Le voilà chevauchant à l'amble à grande allure vers Decize et il rejoint ses charretiers. « Seigneurs, leur dit-il, je voudrais que vous gardiez mon palefroi, ma robe et mon valet Jofroi, car il me faut mener à bien une chose que j'ai à faire. » Alors il tire de son sac une méchante souquenille qui ne

valait pas six deniers et qu'il met ; ainsi affublé, le
bourgeois arrive à Decize. Il entre de nuit dans la ville,
va au logis de sa maîtresse qui, venant de se mettre au
lit, n'était pas encore endormie. Il est à la porte, il
l'appelle : elle se lève pour ouvrir. Il entre, elle écarte
les cendres, allume le feu et le voit. Elle lui demande
pourquoi il est ainsi dépenaillé. « Belle sœur, dit-il,
écoutez. J'ai perdu tout ce que j'avais et dès demain
avant le jour, pour que personne ne me voie, je fuirai
en terre étrangère. — Allez ailleurs chercher un gîte,
car ici vous n'avez que faire. — Eh quoi ! ma belle et
douce sœur, vous m'aimiez tant et m'appeliez votre
ami et votre seigneur. Ne soyez pas pour moi si dure.
— C'est bien dommage, mon beau sire ; de vos
histoires je n'ai cure. » A ces mots, le bourgeois la
quitte ; il s'en va chez lui, il appelle. Sa femme est ravie
de l'entendre et vite, en dame honnête et sage, elle
court lui ouvrir la porte sans qu'il la hèle plus
longtemps. Elle fait monter son seigneur qu'elle aime
mieux que tout au monde. Lui feint d'être bouleversé :
« Dame, lui dit-il, j'ai perdu ce que je menais à la foire
comme si tout eût chu en Loire. Que feront ceux à qui
je dois ? Jamais ils ne seront payés, jamais je ne pourrai
le faire. » La dame le voit s'affoler ; elle l'entend se
lamenter. « Sire, dit-elle, ayez confiance. Y aurait-il
dix mille livres que vous pourriez vous acquitter. Ayez
bon espoir, bon courage et vendez tout mon héritage,
vignes, maisons et prés et terres, ma garde-robe, mes
bijoux ; je vous l'accorde de grand cœur. Ce vêtement
que je vous vois n'est pas beau, il faut l'enlever. Prenez
donc ici à la perche cette robe de menu vair que vous
n'avez jamais portée depuis la fin de cet hiver. Mettez-
la et consolez-vous, car, Dieu merci, vous possédez
plus que la moitié de la ville. A Montpellier ni à Saint-
Gilles, il n'est pas plus riche que vous. Trêve au
chagrin, consolez-vous. » Et, l'ayant vêtu comme un

roi, elle lui prépare un repas. Quand ils ont mangé à loisir, ils vont se coucher pour dormir jusqu'à l'aube du lendemain à l'heure où la ville s'éveille.

Le bruit avait déjà couru — la garce l'avait répandu — que Renier était arrivé, mal vêtu comme un vagabond, à pied, sans écu et sans lance ; et ceux qui l'avaient cautionné, craignant de perdre leur argent, se lèvent et viennent le voir. Il les fait asseoir près de lui et il leur avoue sa détresse : « Seigneurs, c'est la vérité vraie ; j'ai perdu tout ce que j'avais. Je m'en arrangerais encore si ce n'était le bien d'autrui et il y en avait beaucoup : c'est pourquoi je suis désolé. Vous tous qui m'avez fait confiance, ne m'accablez pas s'il vous plaît. » Chacun se garde de répondre, mais l'un de l'autre prend conseil, chuchotant de bouche à oreille. « Nous sommes en triste posture ; cet homme s'est moqué de nous ; par lui nous serons mal lotis ; il est né pour notre malheur. » Tandis qu'ils sont en tel souci, ils ont vu arriver Jofroi, menant le palefroi à droite et son roncin de la main gauche ; il est suivi des charretiers. Simon, Aliaume et Gautier, le voyant, se disent entre eux : « Ces chevaux-là, à qui sont-ils ? A qui sont-elles ces charrettes qui se succèdent sur le pont ? — Je ne sais pas, répond Guillaume. — Ni moi non plus, dit Aliaume. » Voyant approcher le convoi, Renier dit : « Vous vous demandez à qui appartient ce charroi. Eh bien, par Dieu qui fit le monde, ces charrettes, ce sont les miennes, à moi aussi leur chargement. Dieu merci, je puis vous payer ; il ne faut pas vous inquiéter. Je vous dirai la vérité. J'étais à la foire de Troyes ; lorsque j'eus réglé mes affaires et sur le point de repartir, je songeai alors à Mabile, une garce de cette ville que j'ai jusqu'ici fréquentée, mais il en ira autrement. Ecoutez ce qui se passa. Lorsque je pensai à Mabile, je m'en vins à la halle d'Ypres et j'achetai pour la ribaude une robe d'étoffe bleue, comme on n'en verrait pas à Chypre. Puis je voulus me procurer une bourse pleine de sens : je l'ai trouvée, je l'ai encore. Cela fait, je me mis en route ; j'allai rejoindre mes charrettes et je laissai mon palefroi, ma robe et mon valet Jofroi. Puis je mis une pauvre cotte où les accrocs ne manquaient pas, méditant une belle ruse. J'arrivai la nuit dans la ville et j'allai tout droit chez Mabile. J'entrai, en feignant d'avoir froid. Me voyant sale et mal vêtu, apprenant que j'étais ruiné, la fille me mit à la porte. Je sortis, et je vins ici. Je fus bien reçu, Dieu merci. Mais la robe que j'apportais à la garce, je l'ai encore : la dame de céans l'aura ; elle m'en saura meilleur gré. » A ces mots, la dame est en joie : « Sire, fait-elle, eh bien, eh bien, vous avez donc trouvé le sens que je vous avais demandé. Dieu soit loué, vous l'avez enfin. » Et le bourgeois fit grande fête.

Vous qui êtes de bonne souche, mais qui avez le cœur frivole, veuillez écouter mes conseils. Que chacun de vous prenne garde : c'est folie de croire une garce. Si vous aviez autant de bien que le roi de France, vraiment, et que vous ayez tout laissé entre les mains d'une ribaude, seriez-vous un beau jour déchu qu'elle vous prendrait pour un chien. Vous pouvez apprendre et ouïr qu'on ne saurait tirer plaisir de garces sans foi ni amour. Fol est celui qui s'y attache et qui leur donne de son bien.

Autre leçon du fabliau. Jehan le Galois d'Aubepierre dit que, comme feuille de lierre se tient fraîche, nouvelle et verte, le cœur de la femme toujours est ouvert pour tromper les hommes. Il est insensé, croyez-le, celui qui a femme fidèle quand il va ailleurs se souiller avec des garces enjôleuses qui plus que chattes sont avides, qui n'ont ni franchise ni foi, ni lien, ni loyauté, ni loi. Ayant fait leur profit d'un

homme, elles voudraient le voir au feu plutôt que de
l'avoir près d'elles. Ainsi bien des malheurs arrivent.

(MR, III, 67.)

1. Vraisemblablement Aubepierre-sur-Aube, près d'Arc-en-
Barrois, plutôt qu'Aubepierre, entre Coulommiers et Melun.
2. Troyes en Bourgogne? On se demande comment expli-
quer cette erreur.
3. Il peut s'agir soit de Broyes près d'Épernay dans la
Marne, soit de Broyes près de Clermont dans l'Oise.

Le Lai d'Aristote

par Henri d'Andeli[1]

Le bon roi de Grèce et d'Egypte avait récemment asservi sous son pouvoir Inde la grande. Il y demeurait au repos ; si vous voulez savoir pourquoi il restait coi si volontiers, je vous en dirai la raison. Amour, qui tient tout dans ses bras, qui tout agrippe et tout maîtrise, l'avait si bien enveloppé qu'il était un amant parfait, ce dont il n'avait pas regret : il avait trouvé une amie qui était charmante à souhait. D'aller ailleurs pour s'occuper de ses affaires il n'avait cure ; sa seule idée : rester près d'elle. Vrai seigneur et maître est Amour, qui rend le plus puissant du monde si humble et si obéissant qu'il ne se soucie plus de lui et que, pour une autre, il s'oublie. Amour a pouvoir sur un roi comme sur l'homme le plus pauvre qui soit en Champagne ou en France[2], tant a de droits sa seigneurie.

Le roi reste avec son amie. Le voyant ainsi s'assoter, mener vie si déraisonnable qu'il ne veut pas quitter sa belle et qu'il ne peut se corriger, beaucoup ne cessent d'en jaser. Ses gens n'osent lui en parler et le critiquent par-derrière au su de son maître Aristote qui se décide à le tancer et gentiment le prend à part : « Vous avez tort de délaisser les barons de votre royaume pour vous engouer d'une étrangère. » Alexandre de lui répondre : « Eh ! combien m'en faudrait-il donc ? Je crois que jamais n'ont aimé ceux qui disent que je suis fou. On n'en doit aimer qu'une seule et à une seule on doit plaire. Celui qui reproche à un homme de rester où son cœur l'appelle ne sait guère ce qu'est l'amour. » Aristote, au courant de tout, réplique au roi et lui raconte comment on lui impute à honte de vivre de telle façon que tout au long de la semaine il reste auprès de son amie sans faire ni plaisir ni fête à toute sa chevalerie. « Je crois que vous ne voyez goutte, roi, dit Aristote son maître, car on pourrait vous mener paître comme une bête dans un pré. Vous avez l'esprit dérangé quand pour une fille étrangère votre cœur est si affecté qu'on n'y peut trouver de mesure. Je vous demande et vous adjure d'en finir avec cette vie. Votre inaction vous coûte cher. » Aristote ainsi réprimande Alexandre pour son amour et celui-ci, de bonne grâce, mais penaud, répond à son maître qu'il s'amendera volontiers, en homme qui tient fort à lui.

Il passe des jours et des heures sans aller retrouver sa belle, sensible au blâme de son maître. Son désir n'en est pas moins vif ; il n'y va plus comme il faisait, mais jamais il ne l'aima tant. Amour lui rappelle et lui peint son clair visage, son maintien où il n'y a rien à reprendre ; point de défaut ni de laideur : front poli, plus clair que cristal, beau corps, belle bouche, chef blond. « Ah ! fait-il, c'est pour mon malheur que mes gens veulent que je vive et ni mon maître ni mes hommes ne ressentent ce que j'éprouve. Amour peut-il suivre des règles ? Il n'en fait qu'à sa volonté. » Ainsi le roi s'est désolé ; puis il s'en va retrouver celle qui lui plaît tant par sa beauté.

A sa vue bondit la pucelle qui demeurait désemparée de l'absence de son amant. « Sire, j'avais bien pressenti que vous étiez en désarroi. Un amant peut-il se passer d'aller voir ce qui tant lui plaît ? » Alors elle pleure et se tait. Le roi lui répond : « Mon amie, il ne faut pas

vous étonner ; mon absence avait un motif. Mes
chevaliers et mes barons ne cessaient de me reprocher
d'aller beaucoup trop rarement prendre mes ébats avec
eux ; mon maître, y voyant une faute, m'en a très
vivement blâmé. Cependant j'avoue mon erreur
d'avoir oublié à demi mes devoirs de parfait ami ; mais
je craignais honte et mépris. — Je sais ce que cela veut
dire, répond-elle, que Dieu m'assiste ! Mais si ne me
font point défaut ruse ni sagesse, bientôt je me
vengerai d'Aristote ; et vous pourrez lui faire honte
d'être plus coupable que vous, à ce maître pâle et
chenu, si je vis demain jusqu'à none et qu'Amour m'en
donne la force, Amour qui n'en manque jamais. Contre
moi seront sans effet dialectique ni grammaire et vous
le verrez bien demain. Sire roi, levez-vous matin et
vous verrez comment Nature égare un grand maître et
le prive de sa science et de sa sagesse. Soyez donc
demain aux aguets à la fenêtre de la tour ; pour moi,
j'aurai tout préparé. »

De bon matin, l'heure venue, discrètement elle se
lève, car se lever point ne lui pèse, va dans le verger,
sous la tour, vêtue d'une simple chemise et d'un bliaud
brodé à pois, car c'était une aube d'été. Dans le verger
plein de verdure, elle ne craint pas la froidure ; une
brise tiède soufflait. Nature avait bien coloré son teint
clair de lis et de rose. Dans sa personne aucune chose
qui ne fût à merveille faite ; et ne croyez pas qu'elle ait
mis ruban, ni guimpe, ni bandeau. Seule la pare et
l'embellit sa jolie tresse longue et blonde. Fardée par la
seule Nature, elle s'ébat dans le verger, pieds nus, dans
sa robe flottante. Elle retrousse son bliaud et va
chantant, mais point trop haut : « Je la vois, je la vois,
la vois ; la source jaillit doucement ; je la vois, je la
vois, la vois, ma mie, parmi les glaïeuls, sous les aunes ;
je la vois, je la vois, la vois, la belle blonde et suis à
elle[3]. » Pour entendre la chansonnette, le roi se penche

à la fenêtre : il tend son cœur et son oreille. Aristote, déjà levé, prend place devant son pupitre. Il la voit aller et venir, et il lui vient une pensée telle qu'il doit fermer son livre. « Dieu, fait-il, si cette merveille pouvait venir plus près d'ici, je me mettrais à sa merci. Comment ? A sa merci me mettre ! Ah ! non, car jamais ne m'advint, à moi qui tant sais et tant puis, d'être assez fou pour qu'un regard suffise à subjuguer mon cœur. Las ! mon cœur, qu'est-il devenu ? Je suis tout vieux et tout chenu, laid, exsangue, peau grise, et maigre, et plus fort en philosophie que nul homme que l'on connaisse. J'ai mal employé mon étude, moi qui ne cessais pas d'apprendre. J'ai désappris en apprenant puisque Amour aujourd'hui me prend. Mais, ne pouvant pas m'en défendre, je dois laisser faire et me rendre. Qu'Amour vienne en moi prendre gîte, qu'il vienne, je ne sais que dire, puisque je ne puis résister. »

Tandis que ces pensées l'agitent, la dame, sur un brin de menthe, tresse un chapeau de maintes fleurs. Ce faisant, d'amour elle rêve et chante en cueillant les fleurettes : « Ci me tiennent amourettes — Douce, je vous aime trop ! — Ci me tiennent amourettes, où je tiens ma main. » Ainsi chante-t-elle et s'amuse ; mais Aristote est désolé qu'elle reste trop loin de lui. Elle sait bien ce qu'il faut faire pour l'échauffer et le séduire et veut décocher une flèche qui soit joliment empennée. Elle s'est donné tant de peine qu'elle le gouverne à sa guise. Elégamment, sur son beau chef, elle met son chapeau de fleurs. Elle feint de ne pas le voir ; et pour le tromper davantage et l'ensorceler mieux encore, elle chante sous la fenêtre ces vers d'une chanson de toile : « Dans un verger, à côté d'une source dont l'onde est claire et sont blancs les graviers, main à la joue, sied la fille d'un roi qui soupirant regrette son ami : — Beau comte Guy, l'amour de vous me prend plaisir et ris. »

Cela dit, elle passe près de la large fenêtre basse ; il la saisit par le bliaud et la demoiselle s'écrie : « Quoi ? Qu'y a-t-il ? Que Dieu m'assiste ! Holà ! qui me retient ici ? — Dame, soyez la bienvenue ! — Eh quoi ? maître, lui dit la dame, est-ce vous que je vois ici ? — Mais oui, fait-il, ma douce dame ; je suis prêt à risquer pour vous corps et âme, vie et honneur. Amour et Nature ont tant fait que je ne saurais vous quitter. — Maître, que vous m'aimiez si bien, je ne puis vous le reprocher ; mais l'affaire a bien mal tourné, car je ne sais qui m'a brouillée avec le roi, qui l'a blâmé de prendre avec moi son plaisir. — Dame, répond-il, taisez-vous, grâce à moi se fera la paix : plus de rancœurs, plus de querelles, plus de hargne ni de disputes, car le roi m'aime et me redoute plus que tous ceux de sa maison. Mais, pour Dieu, entrez donc ici ; venez apaiser mon désir de votre corps charmant et lisse. — Maître, avant qu'à vous je me donne, dit la dame, il vous faudrait faire une chose assez singulière, si l'amour vous tient tant au cœur, car une grande envie m'a prise de vous chevaucher quelque peu sur l'herbe à travers le verger. Que votre dos porte une selle : j'irai plus honorablement. » Le maître avec joie lui répond qu'il acceptera volontiers, en homme qui est tout à elle. Amour lui a tourné la tête ; il demande qu'on lui apporte une selle de palefroi : la demoiselle de son mieux la lui ajuste sur l'échine. Il la fait monter sur son dos : le voici prêt à la porter. Le roi se divertit de voir celui qui, malgré sa sagesse, a perdu le sens par amour. La demoiselle, tout heureuse, prend plaisir à le chevaucher en chantant à voix claire et pleine : « Ainsi va qui Amour mène ; c'est maître Nigaud qui me porte ; ainsi va qui Amour mène et qui ainsi les maintient. »

Alexandre était sur la tour ; il a bien vu toute la scène. Lui donnerait-on un empire, il ne se tiendrait pas de rire : « Maître, au nom de Dieu, qu'y a-t-il ? Je m'aperçois qu'on vous chevauche ! Auriez-vous perdu la raison pour vous laisser ainsi mener ? Ne m'avez-vous pas, l'autre jour, bien défendu d'aller la voir ? Or, vous voici mis en tel point qu'il n'est plus pour vous de bon sens ; vous observez la loi des bêtes. »

Aristote lève la tête, fait descendre la demoiselle et répond, plein de confusion : « Sire, bien sûr, vous dites vrai ; mais vous pouvez vous rendre compte que je craignais avec raison pour un jeune homme comme vous tout brûlant du feu de son âge quand moi, qui suis plein de vieillesse, je n'ai pu empêcher Amour de me mettre en triste posture comme vous avez pu le voir. Tout ce que j'ai appris et lu, Amour l'a détruit en une heure, lui qui tout emporte et dévore ; et, soyez bien convaincu, puisqu'il m'a fait — et sous vos yeux — entrer en folie manifeste, vous n'en sortirez pas sans perte ni sans blâme de votre peuple. »

On peut par cet exemple apprendre qu'on ne doit blâmer ni reprendre ni les amies ni les amants et que sur tous comme sur toutes Amour a pouvoir et maîtrise. C'est vérité, et je le dis, Amour vainc tout et tout vaincra tant que le monde durera.

(MR, V, 137 ;
T. B. W. Reid, *Twelve Fabliaux*.)

1. Est-il besoin de préciser que cette anecdote est sans le moindre fondement historique ? C'est un conte qu'on retrouve un peu partout : il en existe des versions indiennes, arabes, européennes sans qu'on puisse affirmer que la première soit celle du *Pantchatantra* (voir Bédier, *op. cit.*, p. 204-212). Bédier signale «l'universelle popularité du *Lai d'Aristote*, raconté dans tout l'Occident par les prédicateurs, sculpté dans les cathé-

drales, aux portails, aux chapiteaux des pilastres, sur les misé-
ricordes de stalles, ou encore sur des coffrets d'ivoire ». Il ajoute
que « nombre de livres du XVIe siècle portent au frontispice des
gravures » représentant la scène. — Pierre-Louis Duchartre,
dans *L'Imagerie populaire russe* (Gründ, 1961, p. 95), reproduit
une gravure sur bois imprimée à Moscou vers le milieu du
XVIIIe siècle, représentant un vieillard barbu qui se laisse chevaucher par une élégante jeune femme. — *Le Lai d'Aristote*
compte 579 vers ; dans un prologue de 84 vers, l'auteur déve-
loppe les trois points suivants : les gens de bien prennent plaisir à entendre des contes, contrairement aux esprits mal intentionnés ; le conteur doit éviter les grossièretés, les « mots
vilains » ; Alexandre était généreux : s'il amassait des richesses,
c'était pour les distribuer. Nous avons dû nous résigner à des
coupures qui correspondent en gros à celles qu'a faites Albert
Pauphilet dans son édition des *Poètes et romanciers du Moyen
Âge* publiée dans la Bibliothèque de la Pléiade.

2. Entendons : en Ile-de-France.

3. La jeune femme va fredonner des bribes de romances
empruntées au répertoire populaire du temps — introduisant
à l'occasion une allusion moqueuse au vieux « musard », au
vieux nigaud. Les « chansons de toile », que les femmes, dit-on,
chantaient en travaillant, étaient « des chansons de peu d'étendue, exposant en un petit tableau une aventure ou souvent une
simple situation d'amour » (Gaston Paris).

La Couverture partagée
(La Housse partie)

par BERNIER

Aujourd'hui [1] je vais raconter une aventure qui fut celle d'un riche bourgeois d'Abbeville, il y a dix-sept ou vingt ans. Il lui fallut quitter sa ville avec son épouse et son fils. S'il abandonna son pays, c'est parce qu'il était en guerre avec gens plus puissants que lui et ne pouvait vivre sans crainte au milieu de ses ennemis. Il vint d'Abbeville à Paris ; il y coula des jours paisibles, alla faire au roi son hommage et fut son homme et son bourgeois. Il était sage et très affable et sa femme était d'humeur gaie ; quant au fils il n'était ni sot, ni discourtois, ni malappris. Le prudhomme se fit priser dans la rue où il habitait ; ses voisins aimaient à le voir et le traitaient avec respect. C'est ainsi, sans se mettre en frais, qu'on gagne l'estime d'autrui : dispensez de bonnes paroles et vous voilà comblé d'éloges ; celui qui dit du bien des autres entend parler de lui en bien ; celui qui dit et fait du mal devra s'attendre à la pareille. On en voit chaque jour la preuve et l'on dit souvent : c'est à l'œuvre qu'on peut connaître l'artisan.

Ainsi le prudhomme passa plus de sept années à Paris ; il achetait et revendait les denrées de sa compétence, exerçant si bien son commerce qu'il sut

toujours guider sa barque et qu'il conserva son avoir.
C'était un sage commerçant et qui menait très belle vie.
Un jour, Dieu voulut qu'il perdît sa compagne de
trente années ; ils n'avaient eu d'autres enfants que le
garçon dont j'ai parlé. Le jeune homme ne cachait pas
à son père son désespoir ; il regrettait souvent sa mère
qui l'avait tendrement nourri. Il se pâme tant il la
pleure et son père le réconforte : « Beau fils, fait-il, ta
mère est morte. Prions Dieu qu'il sauve son âme.
Essuie tes yeux et ton visage ; pleurer ne t'est d'aucun
secours. Nous mourrons tous, tu le sais bien. Nous
devrons tous passer par là : on n'échappe pas à la mort.
Beau fils, tu peux te consoler ; tu deviens un beau
bachelier et tu es d'âge à te marier. Quant à moi, me
voilà bien vieux. Si je te trouvais un parti dans une
puissante famille, je t'aiderais de mon avoir ; car tous
tes amis sont trop loin pour t'être de quelque assistance, et pour te concilier les autres, tu devras
t'imposer à eux. Si je trouvais femme bien née, de bon
lieu, de bonne famille, qui ait parents, oncles et tantes,
et frères et cousins germains, si j'y voyais ton avantage,
tu pourrais compter sur ma bourse. »

Or, seigneurs, comme je l'ai lu, il y avait dans le pays
trois chevaliers qui étaient frères. Ils étaient de père et
de mère très hautement apparentés, et renommés pour
leurs prouesses. Mais ils n'avaient pas d'héritage,
domaines, terres ou forêts, qu'il ne leur fallût mettre
en gage pour aller courir les tournois [2]. Ainsi avaient-ils
emprunté aux usuriers trois mille livres, ce qui leur
causait maints soucis. L'aîné, veuf, avait une fille
possédant, venue de sa mère, une belle et bonne
maison, vis-à-vis l'hôtel du prudhomme. Le père ne
put l'engager ; elle rapportait, de loyer, vingt livres
parisis par an, cela sans qu'on eût d'autre peine que
d'en toucher le revenu. Le prudhomme vint demander
la main de cette demoiselle à son père et à ses amis ; les

chevaliers de s'enquérir de ce qu'il pouvait posséder,
tant en biens meubles qu'en argent. Il répondit bien
volontiers : « En deniers et en marchandises, j'ai
environ quinze cents livres, à cent livres parisis près. Je
serais menteur en disant que j'en possède davantage.
Ce fut honnêtement gagné ; mon fils en aura la moitié.
— Nous ne pouvons pas accepter, beau sire, font les
chevaliers. Si vous deveniez templier, ou moine blanc
ou moine noir[3], vous laisseriez tout votre avoir ou au
Temple ou à l'abbaye. Impossible d'être d'accord ;
non, seigneur, non sire, ma foi. — Et pourquoi donc,
dites-le-moi ? — Il faut donner à votre fils la totalité de
vos biens : qu'il soit maître absolu de tout et que tout
vienne dans ses mains afin que ni vous ni personne ne
puissiez rien lui réclamer. Si vous voulez bien l'octroyer, le mariage sera fait. Autrement nous nous
refusons à lui donner la demoiselle. » Le père un
instant réfléchit ; il jeta les yeux sur son fils et puis il
réfléchit encore ; mais ce fut temps mal employé.
Enfin, il répond et leur dit : « Vos désirs seront
satisfaits, et ce sera par cet accord : si le mariage se fait,
mon fils aura tout ce que j'ai, et, je le dis devant
témoins, j'entends qu'il ne me reste rien ; je me
dessaisis de mes biens et lui laisse tout mon avoir. »
Ainsi le père se dépouille devant témoins de ce qu'il a.
Aussi nu qu'un rameau pelé, il ne pourra plus disposer
d'un denier vaillant si son fils ne consent à le lui bailler.
Sitôt qu'il eut ainsi parlé, le chevalier, sans hésiter,
saisit sa fille par la main pour la donner au bachelier,
qui épousa la demoiselle.

Pendant deux ans, mari et femme vécurent en paix
bellement. Enfin la dame eut un enfant qui fut l'objet
de tous ses soins ; elle-même fut bien choyée : elle prit
maintes fois des bains ; on célébra ses relevailles.
Depuis douze ans déjà passés, le père vivait chez son
fils. C'est la mort qu'il s'était donnée quand pour vivre

à charge d'autrui il abandonna son avoir. Le petit-fils,
qui grandissait, se rendait bien compte de tout ; il avait
souvent entendu rappeler ce que son grand-père avait
fait pour faciliter le mariage de ses parents et ne l'avait
pas oublié. Le prudhomme devenu vieux et décrépit
par les années marchait en s'aidant d'un bâton. Impatient de le voir mourir, le fils n'eût pas demandé mieux
que d'aller quérir son linceul. La bru, qui était
orgueilleuse, n'avait pour lui que du mépris et le voyait
à contrecœur. Elle ne put se contenir et dit un jour à
son mari : « Je vous en supplie, par amour, donnez
congé à votre père. Jamais, par l'âme de ma mère, je ne
prendrai de nourriture tant que je le saurai céans.
Veuillez donc le mettre à la porte. — Dame, dit-il,
ainsi ferai-je. » Le fils, tremblant devant sa femme,
aussitôt va trouver son père et sans préambule lui dit :
« Père, père, il vous faut partir, car on n'a que faire de
vous. Cherchez donc votre vie ailleurs. On vous a
donné à manger dans ma maison douze ans et plus.
Allez, levez-vous, faites vite ; il le faut, et dès maintenant. » Le père pleure amèrement et il maudit le jour
et l'heure où il est venu en ce monde. « Ah ! beau doux
fils, que dis-tu là ? C'est pour l'honneur que tu me
portes que tu me condamnes ta porte ? Je tiendrai peu
de place ici. Je ne demande pas de feu, ni courtepointe
ni tapis ; mais dehors, sous cet appentis, fais-moi
bailler un peu de paille. Si je mange un peu de ton
pain, ne me chasse pas de chez toi. Peu me chaut d'être
dans la cour pourvu qu'on me donne à manger. Pour le
temps qui me reste à vivre, tu ne dois pas m'abandonner. Tu peux, en me faisant du bien, plus sûrement
expier tes fautes que si tu portais une haire. — Cher
père, répond le jeune homme, ces paroles sont inutiles.
Faites vite et allez-vous-en, car ma femme en perdrait
la tête. — Mon beau fils, où veux-tu que j'aille ? Je n'ai
plus vaillant une maille. — Allez-vous-en donc par la

ville et vous en verrez plus de mille qui peuvent y
trouver leur vie ; ce serait là grande misère si vous n'y
trouviez pas la vôtre ; à chacun de courir sa chance !
Des gens qui vous reconnaîtront vous prêteront bien
leur maison. — Leur maison ? fils, que leur importe
quand tu me chasses de chez toi ? Puisque tu ne veux
pas m'aider, ces gens qui ne me seront rien le feront-ils
tous à l'envi ? — Père, dit-il, je n'en peux mais ; et si
j'en prends sur moi le faix, sais-tu si c'est de mon plein
gré ? » Le père éprouve un tel chagrin qu'il pense avoir
le cœur brisé. Tout faible qu'il est, il se lève et va vers
la porte en pleurant. « Fils, je te recommande à Dieu.
Puisque tu veux que je m'en aille, au nom du ciel
accorde-moi quelque lambeau de serpillière ; ce n'est
pas une chose chère, je ne puis supporter le froid. Je le
demande pour couvrir ma robe qui est trop légère. »
Mais le fils rechigne à donner, et dit : « Père, je n'en ai
pas. Donner, il n'en est pas question et il faudrait,
pour que tu l'aies, qu'on me l'arrache ou me le vole.
— Beau doux fils, vois comme je tremble. Je redoute
tant la froidure ! Donne-moi une couverture prise sur
le dos d'un cheval, que le froid ne me fasse pas mal. »
Le fils veut s'en débarrasser et voit qu'il n'y peut
arriver sans lui accorder quelque chose. Il appelle alors
son enfant qui bondit sitôt qu'il l'entend et s'écrie :
« Que voulez-vous, sire ? — Si tu trouves l'étable
ouverte, donne à mon père une couverte qu'on met
sur mon cheval morel ; il pourra s'en faire un manteau,
une chape, une pèlerine. Tu lui choisiras la meilleure. » L'enfant, qui était avisé, lui dit : « Beau
grand-père, venez. » Le vieillard suit son petit-fils,
plein de colère et de chagrin. L'enfant trouve les
couvertures, prend la meilleure et la plus neuve et la
plus grande et la plus large ; l'ayant pliée par le milieu,
il la coupe avec son couteau du mieux qu'il peut et au
plus juste, en donne au vieillard la moitié. « Beau fils,

dit celui-ci, que faire puisque tu l'as coupée en deux ?
Ton père me l'avait donnée. De ta part, c'est vraiment
cruel. Ton père t'avait commandé de me la donner tout
entière. Je vais revenir le trouver. — Allez. dit-il, où
vous voudrez. De moi vous n'aurez rien de plus. »

Le vieillard sort de l'écurie. « Fils, on se moque de
tes ordres. Que ne reprends-tu ton enfant : il semble
qu'il ne te craint guère ? Ne vois-tu pas qu'il a gardé la
moitié de la couverture ? — Maudis sois-tu, fils ! dit le
père. Donne-la-lui donc tout entière. — Je n'en ferai
rien, dit l'enfant. Que pourrais-je un jour vous offrir ?
Je vous en garde la moitié et c'est tout ce que vous
aurez. Quand je serai le maître ici, je partagerai avec
vous comme vous faites avec lui. Il vous a laissé tout
son bien, et j'entends tout avoir aussi. Vous n'aurez de
moi rien de plus que ce qu'il reçoit aujourd'hui.
Laissez-le mourir de misère et, si Dieu veut me prêter
vie, moi je vous rendrai la pareille. » Le père l'entend
et soupire ; il réfléchit, rentre en lui-même aux propos
que l'enfant lui tient : il a bien compris la leçon. Vers
son père il tourne la tête et lui dit : « Père, revenez.
C'est le démon et le péché qui m'ont, je crois, tendu un
piège ; mais je ne m'y ferai pas prendre, car je vous fais
seigneur et maître de ma maison, à tout jamais. Si
l'autre ne veut pas la paix et ne peut pas vous
supporter, ailleurs vous serez bien servi. Vous aurez
tout à votre gré, et courtepointe et oreiller, et je le dis
par saint Martin, je ne boirai jamais de vin ni ne
mangerai bons morceaux que vous n'en ayez de
meilleurs ; vous serez en chambre bien close, avec beau
feu de cheminée ; vous serez vêtu comme moi. Vous
avez tenu vos promesses et si je suis riche aujourd'hui,
c'est de votre avoir, beau doux père. »

Seigneurs, voyez dans cette histoire un bon et clair
enseignement. Un enfant du cœur de son père chassa
les mauvaises pensées. Ceux qui ont des fils à marier,

qu'ils se mirent dans cet exemple. Lorsque vous êtes
en avant, ne vous mettez pas en arrière. Ne donnez
rien à vos enfants que vous ne puissiez recouvrer : ils
sont, croyez-le, sans pitié ; ils en ont assez de leur père
s'il ne peut plus leur être utile. C'est ici-bas grande
pitié de vivre à la merci d'autrui et d'attendre qu'on
vous nourrisse. Il faudra bien vous en garder. Voici
l'exemple et la morale qu'ici vous a donnés Bernier ; il
a fait du mieux qu'il a pu.

(MR, I, 5.)

1. Dans un prologue d'une vingtaine de vers, l'auteur se
borne à dire que le ménestrel doit s'appliquer de son mieux à
composer ses fabliaux.
2. On ne pouvait courir les tournois sans dépenses consi-
dérables (chevaux, armes, équipage). D'ailleurs, «les tournois
n'étaient pas seulement des exercices de force et d'adresse ;
c'étaient des jeux d'argent, où l'on pouvait gagner, mais aussi
perdre beaucoup. Le chevalier désarçonné était dépouillé de
son cheval et de ses armes, et souvent pris lui-même et mis en
rançon» (Gaston Paris, *Récits extraits des poètes et prosateurs du
Moyen Âge*, Hachette, 1896).
3. Les moines blancs étaient les moines de Cîteaux : ils
devaient renoncer à tous leurs biens en entrant dans l'ordre.
Les Clunisiens étaient vêtus de noir.

Le Prudhomme
qui sauva son compère

Un jour un pêcheur s'en allait en mer pour tendre ses filets. Regardant devant lui il vit un homme près de se noyer. Il était vaillant et agile ; il bondit, saisit un grappin et le lance, mais par malchance il frappe l'autre en plein visage et lui plante un crochet dans l'œil. Il le tire dans son bateau, cesse de tendre ses filets, regagne la terre aussitôt, le fait porter dans sa maison, de son mieux le sert et le soigne jusqu'à ce qu'il soit rétabli. Plus tard, l'autre de s'aviser que perdre un œil est grand dommage. « Ce vilain-là m'a éborgné et ne m'a pas dédommagé. Je vais contre lui porter plainte : il en aura mal et ennui. » Il s'en va donc se plaindre au maire qui lui fixe un jour pour l'affaire. Les deux parties, ce jour venu, comparaissent devant les juges. Celui qu'on avait éborgné parla le premier, c'était juste. « Seigneurs, dit-il, je porte plainte contre cet homme qui naguère me harponnant de son grappin m'a crevé l'œil : je suis lésé. Je veux qu'on m'en fasse justice ; c'est là tout ce que je demande et n'ai rien à dire de plus. » L'autre répond sans plus attendre : « Seigneurs, je lui ai crevé l'œil et je ne puis le contester ; mais je voudrais que vous sachiez comment la chose s'est passée : voyez si vous me donnez tort. Il était en danger de mort, allait se noyer dans la mer ;

mais ne voulant pas qu'il périsse, vite, je lui portai secours. Je l'ai frappé de mon grappin, mais cela, c'était pour son bien : ainsi je lui sauvai la vie. Je ne sais que vous dire encore ; mais, pour Dieu, faites-moi justice. » Les juges demeuraient perplexes, hésitant à trancher l'affaire, quand un bouffon qui était là leur dit : « Pourquoi hésitez-vous ? Celui qui parla le premier, qu'on le remette dans la mer, là où le grappin l'a frappé et s'il arrive à s'en tirer, l'autre devra l'indemniser. C'est une sentence équitable. » Alors tous à la fois s'écrient : « Bien dit ! La cause est entendue. » Et le jugement fut rendu. Quant au plaignant, ayant appris qu'il serait remis dans la mer pour grelotter dans l'eau glacée, il estima qu'il ne saurait l'accepter pour tout l'or du monde. Aussi retira-t-il sa plainte ; et même beaucoup le blâmèrent.

Aussi, je vous le dis tout franc : rendre service à un perfide, c'est là vraiment perdre son temps. Sauvez du gibet un larron qui vient de commettre un méfait, jamais il ne vous aimera et bien plus il vous haïra. Jamais méchant ne saura gré à celui qui l'a obligé : il s'en moque, oublie aussitôt et serait même disposé à lui nuire et à le léser s'il avait un jour le dessus.

(MR, I, 27 ;
T. B. W. Reid, *Twelve Fabliaux.*)

Le Vilain et l'oiselet[1]

Un homme avait un beau jardin qu'il visitait chaque matin quand à plaisir en la saison chantent oiseaux et oisillons. Un ruisseau y prenait sa source qui le conservait toujours vert. Le prudhomme un jour y entra, en ce beau lieu se reposa. Un oiseau se mit à chanter ; il ne songea qu'à l'attraper. Il tendit un lacs et le prit. L'oiselet prisonnier lui dit : « Pourquoi te donner tant de peine pour me tromper et m'engeigner ? Pourquoi m'avoir tendu un piège ? Quel gain y penses-tu trouver ? — Je veux que tu chantes pour moi. » L'oiseau lui dit : « Si tu me jures de me rendre ma liberté, je chanterai tout à ton gré. Mais tant que tu me retiendras, ma bouche chanter n'entendras. — Si tu ne veux chanter pour moi, je vais donc te manger, je crois. — Manger ! dit l'oiselet, comment ? Je suis bien trop petit vraiment, et celui qui me mangera n'en tirera pas grand profit ; si je suis en rôt cuisiné, tu n'auras qu'un plat desséché ; tu ne saurais m'accommoder de façon à te régaler. Si tu me laisses m'envoler, tu t'en trouveras bien payé : je te dirai trois vérités que tu priseras, dam vassal, plus que la viande de trois veaux. » Le prud-homme alors le lâcha et lui rappela sa promesse. Aussitôt, l'oiseau repartit : « Ne crois jamais les yeux fermés tout ce qu'on t'aura raconté. Garde bien ce que tu tiendras, pour promesses ne le perds pas. Si tu as subi quelque perte, il faut savoir te consoler. Ce sont les trois secrets, ami, que naguère, je t'ai promis. » Puis sur un arbre il se percha, chanta très doucement et dit : « Louange au Dieu de majesté qui t'a par bonheur aveuglé et t'a ôté sens et savoir. Tu viens de perdre grand avoir. Que n'as-tu ouvert mon gésier ! Tu y trouvais une jaconce[2] qui pèse exactement une once. » Le vilain, l'ayant entendu, gémit, pleura en regrettant de l'avoir laissé s'envoler. « Nigaud, dit l'oiseau, étourdi ! As-tu déjà mis en oubli les trois secrets que je t'ai dits ? Tu sais bien qu'on ne doit pas croire toutes les choses qu'on entend. Comment pourrais-je en mon gésier avoir une pierre d'une once quand je suis loin de peser tant ? Je t'ai dit, si tu t'en souviens, qu'il ne faut jamais s'affliger lorsqu'on éprouve quelque perte. » Là-dessus l'oiseau s'envola à tire-d'aile vers le bois.

(Barbazan,
Le Castoiement du père à son fils.)

1. La même histoire se retrouve dans un récit beaucoup plus développé, *Le Lai de l'oiselet* (voir Albert Pauphilet, *Poètes et romanciers du Moyen Âge*, p. 497-510).
2. Pierre précieuse, variété de grenat d'un rouge clair. Dans le *Lapidaire* — traité des pierres précieuses — de Guillaume Osmont (XIIIᵉ siècle), il est dit que ceux qui portent cette pierre se trouvent préservés de tous accidents et sont partout bien reçus.

Le Roi et le conteur

Un roi avait un ménestrel qui l'amusait de ses récits.
Celui-ci avait, une nuit, tant conté qu'il n'en pouvait
plus et qu'il voulait aller dormir. Le roi ne le lui permit
pas, l'invitant à conter encore et à dire une longue
histoire ; puis il irait se reposer. Le ménestrel se rendit
compte qu'il ne pouvait faire autrement, et c'est ainsi
qu'il commença : « Un homme qui avait cent sous
voulut acheter des brebis ; il en acheta donc deux
cents, chacune coûtant deux deniers, puis les poussa
vers sa maison. Mais on était dans la saison où les
rivières sont en crue, où les eaux sortent de leur lit. Ne
pouvant pas trouver de pont, il se demandait où passer.
Enfin il trouva une barque qui était petite et légère et
ne pouvaient y prendre place que le bonhomme et deux
brebis. Le vilain embarque deux bêtes, puis vient
s'asseoir au gouvernail et navigue tout doucement... »
Là-dessus, le conteur se tut. Son maître lui dɪt de
poursuivre. « Sire, la barque est bien petite ; la rivière
à franchir est large et les brebis sont très nombreuses.
Laissons donc les brebis passer et puis nous repren-
drons l'histoire. » Ainsi s'en tira le conteur.

(Barbazan,
Le Castoiement du père à son fils.)

★

Le roman faut [l'histoire se termine], *voici la fin ;*
Or vous donnez boire du vin.

            (*Le Mantel mautaillé,* MR, III, 55.)

LEXIQUE

Aumusse. Bonnet d'étoffe doublé de fourrure.

Baron. Sens premier : homme distingué par sa naissance et sa bravoure. — Employé comme titre honorifique, accompagnant le nom d'un saint (le baron saint Jacques ; saint Pierre, le bon baron). — Peut désigner le mari, le chef de ménage ; on trouvera encore chez Montesquieu (*De l'esprit des lois*, XXVIII, 25) : « autorisée par son baron, c'est-à-dire son mari ».

Beau. Terme d'affection, au sens de « cher ».

Besant. Monnaie d'or byzantine. Le mot a servi à désigner d'autres pièces orientales, répandues en Europe avec les croisades. Selon Joinville, le besant valait dix sous tournois ; selon d'autres témoignages, il avait une valeur plus élevée : les « trois aveugles » donnent un besant pour payer les dix sous qu'ils doivent et demandent qu'on leur rende la monnaie.

Bouras. Grosse étoffe de poil de chèvre, comme le camelot.

Braies. Chausses, vêtement couvrant le corps de la ceinture aux chevilles.

Brasil. Voir plus loin : *écarlate.*

Brelan (ou *berlan,* ou *berlenc*). Petite table à jeu portative. Désignera plus tard une maison de jeu, un tripot. Aujourd'hui, les cafetiers donnent le nom de *piste* au plateau sur lequel on jette les dés.

Brunette. Etoffe fine et recherchée, de couleur sombre, dont s'habillaient les gens de qualité.

Bureau. Grosse étoffe de laine (dérivé de *bure*).

Carole. Danse en rond.

Chaperon. Coiffure d'étoffe à bourrelet, avec une queue pendante sur l'épaule. Ne pas confondre avec le chaperon que portaient les bourgeoises au XVIe siècle : bande d'étoffe posée à plat sur les cheveux.

Citole. Instrument de musique à cordes grattées ; manche court et corps allongé.

Citovaut (ou *citoval*, ou *zédoaire*). Plante aromatique de l'Inde orientale et de Malaisie, utilisée comme épice.

Clerc. Sens premier : membre du clergé, prêtre ou moine. Désignait au sens large tout homme instruit, et en particulier les étudiants formés dans les écoles épiscopales ou monastiques, plus tard dans les universités : souvent tonsurés, mais n'ayant pas reçu les ordres majeurs, ils pouvaient se marier et vivre à leur guise.

Connin. Lapin.

Cotte. Tunique à manches maintenue par une ceinture (vêtement de dessus). La cotte des hommes était fendue devant et derrière, pour permettre d'enfourcher le cheval.

Dam. Dommage. On dit encore : au grand dam de.

Dam. S'employait le plus souvent devant le nom d'une personne qu'on voulait honorer ; prend une valeur ironique dans une expression comme « dam vilain ».

Denier. Douzième partie du sou ; au pluriel, a le sens général d'argent.

Ecarlate. Drap de qualité supérieure, dont la couleur variait beaucoup : on avait de l'écarlate vermeille, noire, blanche, verte. L'écarlate vermeille était teinte « en graine » (œufs séchés de cochenille) ou en « brasil », sorte de bois rouge.

Engeigner. Tromper.

Estanfort. Drap très recherché, fabriqué d'abord à Stanford, en Angleterre, puis dans le nord de la France.

Esterlin. Monnaie d'origine anglaise (sterling), valant au XIIIe siècle quatre deniers tournois.

Goutte. Mal, douleur, malaise en général. Au XVIe siècle, Rabelais parlera encore de ceux qui « n'auront la goutte es dentz quand ils seront de nopces » *(Pantagrueline Pronostication).*

Gris. Fourrure d'écureuil.

Heures du jour. Quelques couvents possédaient des horloges ; à défaut, ils avaient recours, selon Faral *(La Vie quotidienne au temps de saint Louis),* à des moyens de fortune : nombre de prières récitées, de pages lues, de cierges consumés. On se réglait sur les sonneries de cloches annonçant l'heure des prières : *matines* était l'office de minuit ; *laudes,* de trois heures ; *prime,* de six heures ; *tierce,* de neuf heures ; *sexte,* de midi ; *none,* de quinze heures ; venaient ensuite *vêpres* et *complies.* On ne pouvait donc fixer les étapes successives de la journée que de façon très approximative. C'est dans la seconde moitié du XIVe siècle que les horloges publiques se multiplièrent.

Lice. Palissade entourant l'espace réservé aux combats singuliers ou aux tournois.

Livre. D'abord simple monnaie de compte ; devint une monnaie réelle sous Philippe le Bel. La livre valait vingt sous, le sou douze deniers, le denier deux mailles. Les monnaies frappées à Paris avaient une valeur supérieure d'un quart à celle des monnaies frappées à Tours : cent livres parisis, c'était cent vingt-cinq livres tournois. Saint Louis fit frapper des « gros tournois », pièces d'argent valant douze deniers tournois.

Maisnie. Les gens de la maison.

Manant. Homme riche qui possède beaucoup de biens. C'est au cours du XVIe siècle que le mot prendra le sens qu'il a aujourd'hui.

Marc. Unité de poids pour l'or et l'argent. Le marc pesait huit onces de Paris : 244,5 g.

Mire. Médecin.

Palefroi. Cheval de promenade ou de voyage.

Physicien. Médecin. Le mot *physique* était employé seulement comme nom, au sens de « médecine ».

Plenté. Abondance.

Pourpris. Enclos, jardin.

Prévôt. Agent du seigneur, chargé de lever les impôts, de rendre la justice.

Prudhomme. Homme honorable, sage, avisé.

Purée. Sens large : légumes cuits, soupe aux herbes.

Quarte. Ancienne mesure de liquides valant un pot ou deux pintes, la pinte valant elle-même un peu moins d'un litre.

Robe. Hommes et femmes portaient des robes (cottes). Mais le mot avait souvent le sens général de vêtement.

Roncin. Cheval de charge ou de trait. Est devenu *roussin* (cf. l'expression : un roussin d'Arcadie).

Samit. Du grec byzantin *hexamitos* (six fils). « Etoffe orientale composé de six fils de toutes couleurs ; sorte de brocart formé d'une chaîne de soie soutenue par une trame de fil » (Louis Réau).

Seigneur. S'adresse-t-on à plusieurs personnes, même de condition inférieure, on les appelle « seigneurs ». C'est le titre que sire Renier donne à ses charretiers dans *La Bourse pleine de sens* : formule commune de politesse.

Sénéchal. Intendant d'une grande maison.

Serpillière. Etoffe de laine.

Sire. On disait « sire » en s'adressant à un chevalier ou à un bourgeois. — Titre que la femme donnait à son mari, les enfants à leur père.

Sœur. Terme de tendresse que le mari employait volontiers en s'adressant à sa femme. *Frère* pouvait avoir la même valeur affective.

Surcot. Tunique, avec ou sans manches, que l'on mettait par-dessus la cotte et qui était serrée par une ceinture.

Trémerel. Jeu de dés, en grande faveur au XIIIe siècle

Truffe. Raillerie, plaisanterie, bonne histoire. On disait aussi *bourde* ou *risée*.

Vair. Employé comme adjectif : bariolé, bigarré ; comme nom : fourrure à double couleur (petit gris).

Vassal. Le mot peut prendre la valeur d'une appellation méprisante. Une expression comme *dam vassal* est évidemment ironique.

Vavasseur. Vassal de vassal, arrière-vassal d'un seigneur.

Vielle. Nom qui désignait les instruments de musique à cordes frottées, quels que fussent leur forme et le nombre de leurs cordes. La *chifonie* était une vielle à roue.

Vilain. Paysan, roturier. Peut désigner au figuré celui qui pense ou agit bassement.

Vireli. Air de danse ; la danse elle-même.

BIBLIOGRAPHIE

I

Manuscrits

Sur les manuscrits des fabliaux, voir la liste donnée par Jean Rychner (*Contribution à l'étude des fabliaux*, I : *Observations*, p. 9-10. Genève, Droz, 1960).

II

Textes

ETIENNE BARBAZAN : *Fabliaux et contes des poètes français des XIIe, XIIIe, XIVe et XVe siècles, tirés des meilleurs auteurs.* Paris, 1756, 3 vol. — En 1760, Barbazan publie *Le Castoiement, ou Instruction, du père à son fils,* considéré comme formant le tome IV de cette édition.

ETIENNE BARBAZAN et MARTIN MEON : *Fabliaux et contes des poètes français des XIe, XIIe, XIIIe, XIVe et XVe siècles, tirés des meilleurs auteurs.* Paris, 1808, 4 vol. — Edition revue et augmentée du recueil de Barbazan. Réimprimé avec le *Nouveau recueil* de Méon (cf. titre suivant), Genève, Slatkine, 1976, 6 volumes en 3.

MARTIN MEON : *Nouveau recueil de fabliaux et contes inédits des poètes français des XIIe, XIIIe, XIVe et XVe siècles.* Paris, 1823, 2 vol.

ACHILLE JUBINAL : *Nouveau recueil de contes, dits, fabliaux et autres pièces inédites des XIIIe, XIVe et XVe siècles, pour faire suite aux collections de Legrand d'Aussy, Barbazan et Méon, mis au jour pour* *la première fois.* Paris, 1839, 2 vol. Réimprimé en 1 vol., Genève, Slatkine, 1975.

ANATOLE DE MONTAIGLON et GASTON RAYNAUD : *Recueil général et complet des fabliaux des XIIIᵉ et XIVᵉ siècles, imprimés ou inédits, publiés d'après les manuscrits.* Paris, 1872-1890, 6 vol. Réimprimé en 3 vol., Genève, Slatkine. 1973.

GERHARD ROHLFS : *Sechs altfranzösische Fablels.* Halle, Niemeyer, 1925.

GEORGES GOUGENHEIM : *Les Trois Aveugles de Compiègne.* Classiques français du Moyen Age, Champion, 1931.

MAURICE DELBOUILLE : *Le Lai d'Aristote de Henri d'Andeli.* Bibliothèque de la Faculté de Philosophie et Lettres de Liège, fasc. 123, 1951.

CHARLES H. LIVINGSTONE : *Le Jongleur Gautier le Leu.* Cambridge, Massachusetts, 1951. — Etude sur Gautier le Leu, suivie du texte des dix fabliaux qui lui sont attribués.

ALBERT PAUPHILET : *Poètes et romanciers du Moyen Age.* Bibliothèque de la Pléiade, Gallimard, 1939, volume augmenté en 1952 par Régine Pernoud et Albert-Marie Schmidt. — Contient *Le Lai d'Aristote.*

R. C. JOHNSTON et D. D. R. OWEN : *Fabliaux selected.* Oxford, Blackwell, 1957.

T. B. W. REID : *Twelve Fabliaux from the Manuscript fonds français 19152 of the Bibliothèque nationale.* Manchester University Press, 1958.

EDMOND FARAL et JULIA BASTIN : *Œuvres complètes de Rutebeuf.* Picard, tome I : 1959 ; tome II : 1960.

JEAN RYCHNER : *Contribution à l'étude des fabliaux,* tome II : *Textes.* Genève, Droz, 1960. — Edition de dix-sept fabliaux — ou fragments — publiés en versions différentes.

MARTHA WALTERS-GEHRIG : *Trois fabliaux. Saint Pierre et le jongleur ; De Haimet et Barat ; Estula.* Tübingen, Niemeyer, 1961.

HANS HELMUT CHRISTMANN : *Zwei altfranzösische Fablels.* Tübingen, Niemeyer, 1963. — Contient *Auberée* et *Du vilain mire.*

PIERRE NARDIN : *Jean Bodel, Fabliaux,* éd. critique. Nizet, 1965.

III

Traductions et adaptations

Pierre Legrand d'Aussy : *Fabliaux ou Contes du XIIe et du XIIIe siècle, traduits ou extraits d'après divers manuscrits du temps ; avec des notes historiques et critiques, et les imitations qui ont été faites de ces contes depuis les origines jusqu'à nos jours.* Paris, 1779, 3 vol. Un quatrième volume a paru en 1781 : *Contes dévots, fables et romans anciens pour faire suite aux fabliaux* (2e éd. en 5 vol., 1781 ; éd. revue par G. Renouard, 5 vol., 1829). — Il s'agit moins de traductions que d'adaptations ou de résumés.

Recueil de fabliaux, précédé d'une introduction par M.A***. Bureau de la Bibliothèque choisie [1], 1829.

Louis Brandin : *Lais et fabliaux.* E. de Boccard, 1932.

Robert Guiette : *Fabliaux et contes.* Le Club du meilleur livre, 1960. — Traduction quasi littérale de quatorze fabliaux.

Roger-H. Guerrand : *Fabliaux, contes et miracles du Moyen Age.* Le Livre club du libraire, 1963. — Fabliaux librement adaptés.

Albert Pauphilet : *Aucassin et Nicolette, suivi des Contes du jongleur.* Club des Libraires de France, 1964. — Adaptation de cinq fabliaux. A paru d'abord en édition de luxe chez Piazza, en 1932.

Nora Scott : *Contes pour rire ? Fabliaux des XIIIe et XIVe siècles.* 10/18, 1977.

IV

Études

Comte de Caylus : *Mémoire sur les fabliaux. Mémoires de littérature, tirés des registres de l'Académie royale des Inscriptions et Belles-Lettres,* t. XX (années 1744-1746). Publié en 1753.

1. Collection de vulgarisation, qui comprend un grand nombre de titres. C'est dans la « Bibliothèque choisie » que Nerval publiera, en 1830, un choix de *Poésies allemandes* et un choix de *Poésies de Ronsard.*

VICTOR LECLERC : *Les Fabliaux (Histoire littéraire de la France,* t. XXIII), 1856.

CHARLES FORMENTIN : *Essai sur les fabliaux français du XIIᵉ et du XIIIᵉ siècle.* Saint-Etienne, 1877.

GASTON PARIS : *Littérature française au Moyen Age;* chap. VI : « Les Fabliaux. » Paris, 1888.

OSKAR PILZ : *Die Bedeutung des Wortes Fablel.* Stettin, 1889.

CHARLES-VICTOR LANGLOIS : « La société du Moyen Age d'après les fableaux. » *Revue bleue,* 22 août et 5 septembre 1891.

JOSEPH BEDIER : *Les Fabliaux. Etudes de littérature populaire et d'histoire littéraire du Moyen Age.* Bibliothèque de l'Ecole des Hautes Etudes, 1893; rééd. Champion, 1895, 1925, 1928.

EDMOND FARAL : « Le Fabliau latin. » *Romania,* L, 1924.

PER NYKROG : *Les Fabliaux.* La première édition (Copenhague) est de 1957. Réédité « sans changement aucun » en 1973 (Genève, Droz).

JEAN RYCHNER : *Contribution à l'étude des fabliaux, variantes, remaniements, dégradations* (t. I : *Observations*). Genève, Droz, 1960.

ROBERT GUIETTE : *Questions de littérature. Romanica Gandensia,* VIII, 1960.

JEAN RYCHNER : « Les fabliaux : genres, styles publics », dans *Littérature narrative d'imagination* (colloque de Strasbourg, avril 1959). Presses Universitaires de France, 1961.

OMER JODOGNE : « Considérations sur le fabliau », dans *Mélanges offerts à René Crozet.* Poitiers, Société d'études médiévales, 1966.

On consultera aussi l'étude de Robert Bossuat dans l'*Histoire de la littérature française* publiée sous la direction de Jean Calvet : *Le Moyen Age,* de Gigord, 1931; rééd. Del Duca, 1955 (p. 102-110); et l'excellent article de Jean Rychner dans le *Dictionnaire des lettres françaises,* Fayard, 1964.

LE MARI, LA FEMME ET L'AMANT

OÙ LA MORALE REPREND SES DROITS

MOLIÈRE. *Le Bourgeois gentilhomme*. Édition présentée et établie par Georges Couton.

MOLIÈRE. *Dom Juan*. Édition présentée et établie par Georges Couton.

MOLIÈRE. *Les Femmes savantes*. Édition présentée et établie par Georges Couton.

MOLIÈRE. *Les Fourberies de Scapin*. Édition présentée et établie par Georges Couton.

MOLIÈRE. *Le Médecin malgré lui*. Édition présentée et établie par Georges Couton.

MOLIÈRE. *Le Tartuffe*. Édition présentée et établie par Jean Serroy.

PERRAULT. *Contes*. Édition présentée par Nathalie Froloff. Texte établi par Jean-Pierre Collinet.

RACINE. *Andromaque*. Préface de Raymond Picard. Édition établie par Jean-Pierre Collinet.

RIMBAUD. *Poésies. Une saison en enfer. Illuminations*. Préface de René Char. Édition établie par Louis Forestier.

ROSTAND. *Cyrano de Bergerac*. Édition présentée et établie par Patrick Besnier.

VOLTAIRE. *Candide ou l'Optimisme*. Édition présentée par Jacques Van den Heuvel. Texte établi par Frédéric Deloffre.

VOLTAIRE. *Zadig ou la Destinée*. Édition présentée par Jacques Van den Heuvel. Texte établi par Frédéric Deloffre.

ZOLA. *Au Bonheur des Dames*. Préface de Jeanne Gaillard. Édition établie par Henri Mitterand.

COLLECTION FOLIO

2967.	Jeroen Brouwers	*Rouge décanté.*
2968.	Forrest Carter	*Pleure, Géronimo.*
2971.	Didier Daeninckx	*Métropolice.*
2972.	Franz-Olivier Giesbert	*Le vieil homme et la mort.*
2973.	Jean-Marie Laclavetine	*Demain la veille.*
2974.	J.M.G. Le Clézio	*La quarantaine.*
2975.	Régine Pernoud	*Jeanne d'Arc.*
2976.	Pascal Quignard	*Petits traités I.*
2977.	Pascal Quignard	*Petits traités II.*
2978.	Geneviève Brisac	*Les filles.*
2979.	Stendhal	*Promenades dans Rome*
2980.	Virgile	*Bucoliques. Géorgiques.*
2981.	Milan Kundera	*La lenteur.*
2982.	Odon Vallet	*L'affaire Oscar Wilde.*
2983.	Marguerite Yourcenar	*Lettres à ses amis et quelques autres.*
2984.	Vassili Axionov	*Une saga moscovite I.*
2985.	Vassili Axionov	*Une saga moscovite II.*
2986.	Jean-Philippe Arrou-Vignod	*Le conseil d'indiscipline.*
2987.	Julian Barnes	*Metroland.*
2988.	Daniel Boulanger	*Caporal supérieur.*
2989.	Pierre Bourgeade	*Éros mécanique.*
2990.	Louis Calaferte	*Satori.*
2991.	Michel Del Castillo	*Mon frère l'Idiot.*
2992.	Jonathan Coe	*Testament à l'anglaise.*
2993.	Marguerite Duras	*Des journées entières dans les arbres.*
2994.	Nathalie Sarraute	*Ici.*
2995.	Isaac Bashevis Singer	*Meshugah.*
2996.	William Faulkner	*Parabole.*
2997.	André Malraux	*Les noyers de l'Altenburg.*
2998.	Collectif	*Théologiens et mystiques au Moyen Âge.*
2999.	Jean-Jacques Rousseau	*Les Confessions (Livres I à IV).*
3000.	Daniel Pennac	*Monsieur Malaussène.*
3001.	Louis Aragon	*Le mentir-vrai.*
3002.	Boileau-Narcejac	*Schuss.*
3003.	LeRoi Jones	*Le peuple du blues.*
3004.	Joseph Kessel	*Vent de sable.*
3005.	Patrick Modiano	*Du plus loin de l'oubli.*

Impression Bussière Camedan Imprimeries
à Saint-Amand (Cher),
le 23 avril 1999.
Dépôt légal : avril 1999.
Numéro d'imprimeur : 990649/1.

ISBN 2-07-040916-3./Imprimé en France.

90284